El cuerpo tiene memoria

GROU

Papel certificado por el Forest Stewardship Council®

Primera edición: octubre de 2024
Cuarta reimpresión: agosto de 2025

© 2024, Natalia Seijo
© 2024, Penguin Random House Grupo Editorial, S. A. U.
Travessera de Gràcia, 47-49. 08021 Barcelona

Penguin Random House Grupo Editorial apoya la protección de la propiedad intelectual. La propiedad intelectual estimula la creatividad, defiende la diversidad en el ámbito de las ideas y el conocimiento, promueve la libre expresión y favorece una cultura viva. Gracias por comprar una edición autorizada de este libro y por respetar las leyes de propiedad intelectual al no reproducir ni distribuir ninguna parte de esta obra por ningún medio sin permiso. Al hacerlo está respaldando a los autores y permitiendo que PRHGE continúe publicando libros para todos los lectores. Ninguna parte de este libro puede ser utilizada o reproducida con el propósito de entrenar tecnologías o sistemas de inteligencia artificial. PRHGE se reserva expresamente la reproducción, la extracción y el uso de esta obra y de cualquiera de sus elementos para fines de minería de textos y datos y el uso a medios de lectura mecánica u otros medios que resulten adecuados (art. 67.3 del Real Decreto Ley 24/2021). Diríjase a CEDRO (Centro Español de Derechos Reprográficos, http://www.cedro.org) si necesita reproducir algún fragmento de esta obra.
En caso de necesidad, contacte con: seguridadproductos@penguinrandomhouse.com

Printed in Spain – Impreso en España

ISBN: 978-84-19975-63-8
Depósito legal: B-11.419-2024

Compuesto en Grafime, S. L.
Impreso en Liberdúplex
Sant Llorenç d'Hortons (Barcelona)

GT 75638

Natalia Seijo

El cuerpo tiene memoria

ENTIENDE CÓMO TU CUERPO SE EXPRESA POR TI
Y APRENDE A SANAR LA HUELLA DEL TRAUMA

GROU

*Para mi hijo Pablo Seijo,
por ser lo mejor que me ha ocurrido en la vida*

ÍNDICE

PRÓLOGO 11

INTRODUCCIÓN 13

PRIMERA PARTE. EL LENGUAJE Y LA MEMORIA DEL CUERPO

CAPÍTULO 1 | EL CUERPO HABLA 21
    La consciencia corporal 23
    Las emociones «protectoras» 25
    ¿De qué hablamos cuando hablamos de
    somatización? 33
        Los síntomas somáticos 34
        Los disparadores 39

CAPÍTULO 2 | DESCIFRAR LAS SEÑALES DEL CUERPO ... 42
    Emociones, sentimientos y estados de ánimo 48
    La desregulación emocional y las emociones
    reprimidas 52
        La infancia como etapa clave en el desarrollo
        emocional 56
    El desplazamiento hacia el síntoma 60
    El síntoma como mensajero 61
    Cuando la emoción domina el cuerpo 63

El mapa de las emociones 66
La desconexión del cuerpo 68
Conectar el lugar interno de control 71

CAPÍTULO 3 | DESENMASCARAR EL ESTRÉS 80
El distrés, el estrés silencioso 81
El estrés y los perfiles de personalidad en
psicosomática 83
Personalidad tipo A 84
Personalidad tipo B 86
Personalidad tipo C 87
Personalidad tipo D 88

CAPÍTULO 4 | CUANDO LA MEDICINA NO
EXPLICA LOS SÍNTOMAS............................ 90
Causas de las enfermedades psicosomáticas 90
Tipos de enfermedades psicosomáticas
y del sistema inmune.............................. 93
El trastorno somatomorfo o conversivo 95
Las enfermedades psicocutáneas................... 103
Las enfermedades del sistema inmune.............. 108

SEGUNDA PARTE. LA HUELLA DEL TRAUMA EN EL CUERPO

CAPÍTULO 5 | LA DIFÍCIL TAREA DE BAJAR
LAS DEFENSAS...................................... 121
Las defensas psicológicas 123

ÍNDICE

Las defensas de supervivencia 133
    La respuesta de lucha 134
    La respuesta de huida 134
    La respuesta de congelación 135
    La respuesta de sometimiento 136
    La codificación del cuerpo y el trauma 137

CAPÍTULO 6 | EL APEGO Y LAS RELACIONES PSICOSOMÁTICAS 141
    Los estilos de apego 142
        El apego seguro 143
        El apego ansioso-ambivalente 144
        El apego evitativo 145
        El apego desorganizado 146
    La base insegura y sus consecuencias 149
        Familias donde no se permite mostrar
        las emociones 150
        Familias con alta desregulación emocional 151
        Familias con alto nivel de preocupación y miedo .. 151
        Familias que presentan ansiedad por enfermedad . 157
        Familias con abuso emocional 157
        Familias con figuras de apego narcisistas 161
    Las heridas de infancia 164
        La herida de abandono 165
        La herida de rechazo 166
        La herida de injusticia 169
        La herida de humillación 173

La herida de traición 178
El trauma familiar heredado 184

CAPÍTULO 7 | EL CUERPO DESPUÉS DEL TRAUMA ... 195
El trauma como diagnóstico 197
El funcionamiento de la memoria traumática 199
El cuerpo envía mensajes claros de lo que sucedió . 204
El cuerpo como enemigo 213
La disociación: la clave para entender el
trauma.. 215

CAPÍTULO 8 | LA AYUDA NECESARIA............... 223
La importancia de la validación 223
Respuestas desde la psicoterapia en
psicosomática 225
La actitud importa............................. 229
La risa y el humor............................. 231
Aceptar el cambio como parte de la vida.......... 233

EPÍLOGO 243

AGRADECIMIENTOS 247

BIBLIOGRAFÍA 251

PRÓLOGO

Natalia Seijo lleva muchos años trabajando con casos clínicos de difícil comprensión para muchos expertos, consiguiendo resultados incluso cuando el pronóstico era malo. Su excepcional experiencia clínica, unida a su destreza y sensibilidad, ha dado como resultado este precioso libro.

El cuerpo tiene memoria es un regalo tanto para terapeutas y profesionales de la psicología como para cualquier persona que tenga interés en profundizar su conocimiento sobre la relación entre salud mental y física, los síntomas somáticos y el impacto del trauma en el cuerpo, un tema del que se habla muy poco en nuestra sociedad. También nos cuenta cómo desenmascarar los efectos del estrés y entender qué relación puede tener con múltiples problemas médicos muy frecuentes.

En esta obra práctica y repleta de casos de consulta muy ilustrativos, Natalia Seijo muestra de manera sencilla y accesible cómo el cuerpo está constantemente comunicándonos información relevante que no siempre sabemos interpretar. Nos ayuda a prestar atención al cuerpo y entender todo lo que ha ido guardando a lo largo de nuestra vida, cómo se expresa y cómo podemos descifrar las señales que nos envía.

Poder divulgar temas tan complejos de una manera comprensible, amena y cercana no es tarea fácil ni está al alcance de cualquier psicólogo. Natalia Seijo ha conseguido plasmar todo su conocimiento adquirido a lo largo de una trayectoria profesional brillante en una guía práctica llena de regalos informativos. Es un orgullo para mí poder escribir unas líneas sobre su trabajo y me llena de satisfacción saber que muchas personas podrán acceder a su experiencia a través de este fantástico libro.

Dolores Mosquera, psicóloga,
directora del Instituto para el Estudio del Trauma
y los Trastornos de la Personalidad (INTRA-TP) y autora

INTRODUCCIÓN

«La única manera de lograr lo imposible es creer que es posible».
Alicia a través del espejo

¿Cuánto tiempo tarda una persona en entender su interior, lo que siente genuino, la interacción con los demás, las experiencias vividas? Es un largo proceso lleno de entresijos que, en muchas ocasiones, nos enfrenta a vivencias sin resolver. Las memorias de vida, es decir, los recuerdos de eventos significativos, se almacenan. Algunas de ellas son maleables y cambian con el tiempo, debido, por ejemplo, a la influencia de nuevas experiencias o a la reinterpretación de eventos. Sin embargo, hay otras memorias que se mantienen inamovibles.

Tanto la cabeza como el cuerpo recogen información, pero, mientras que la primera tiende a almacenar recuerdos que pueden cambiar, el segundo los almacena de manera estática. Con frecuencia, cuando se vive, se sufre y se disfruta, el cuerpo se muestra como un «convidado de piedra» que guarda lo vivido y lo almacena en silencio esperando la oportunidad para liberarlo. Es decir, el cuerpo es el testigo silencioso de todo lo vivido, es ese observador que lo conoce todo de nosotros pero que se pronuncia poco o nada mientras suceden los acontecimientos. Lo hace más tarde, cuando se expresa y nos comunica, pero tiene sus tiempos y códigos, que por lo general nos son desconocidos. Aunque pensar en el cuerpo como el «convidado de piedra» nos resulta útil para diferenciarlo del rol más «activo» y cambiante que tiene la mente, esto no significa que sea un agente pasivo en nuestra vida, al contrario: tiene un impacto muy significativo en nuestra existencia. Sin embargo, mientras estamos distraídos viviendo, a menudo perdemos la noción de su importancia, y podemos llegar incluso a desconectarnos de él.

Nacemos con una conexión natural con nuestro cuerpo, de la que depende nuestra supervivencia. Cuando somos pequeños, sentimos lo que el cuerpo necesita y demandamos ciertos cuidados para poder crecer y convertirnos en adultos. A medida que pasa el tiempo, las circunstancias van impactando en el cuerpo. Surgen las emociones, las sensaciones y los sentimientos, y comienza el proceso de descifrar toda esa nueva experiencia interna en la que se mueven diferentes energías con sus grados de intensidad. Toca aprender a sentir con un nuevo abecedario con el que el cuerpo se comunicará, toca aprender un lenguaje para transmitir lo que se vive desde dentro. Es durante la infancia cuando empezamos a identificar el significado de cómo nos sentimos a través de nuestros padres o cuidadores. Sin embargo, a medida que vamos creciendo, solemos perder la noción de cómo se siente y qué necesita nuestro cuerpo en favor de las necesidades de nuestro entorno.

Cuando esto ocurre, nos puede coger desprevenidos que, de repente, sintamos dolor. El cuerpo de pronto se hace presente, deja de ser «el convidado de piedra» y se manifiesta, pues el dolor no es otra

INTRODUCCIÓN

cosa que la expresión en el cuerpo de algo que no funciona bien. En la mayoría de los casos, se busca la causa médica, se encuentra la solución y llega el alivio. Sin embargo, la dificultad comienza cuando no hay explicación médica obvia y no se encuentra la causa que justifique ese dolor, por lo que el alivio no llega.

En estos casos, el origen del dolor es psicosomático, es decir, psicológico y/o emocional. Esto no significa que pueda minimizarse, que «no exista» o que «nos lo inventemos». Que el origen esté en la cabeza y no en el cuerpo «físico» no implica que la persona no esté sintiendo un malestar intenso en el cuerpo. Implica que su dolor es real, aunque no tenga explicación médica.

El dolor crónico, la fibromialgia, el síndrome disfórico premenstrual, la dermatitis atópica o el síndrome de intestino irritable son algunos ejemplos de dolencias que a menudo no se resuelven porque habitualmente se desconoce la causa que las provoca y a nivel orgánico «todo parece funcionar bien». También las endometriosis que no responden a tratamientos convencionales, así como las infecciones por repetición como la candidiasis. Sin embargo, tal vez no se encuentra solución porque se busca en el lugar equivocado. El origen del dolor crónico, una vez descartado que tenga una base «física», puede ser una experiencia traumática (un abuso sexual, el maltrato físico, accidentes) o experiencias menos traumáticas y que sin embargo pueden implicar un fuerte impacto emocional (la pérdida de trabajo, estar en una relación tóxica, el estrés financiero).

En ocasiones, hay experiencias del pasado que duelen como si pertenecieran al presente. Pueden ser recordadas o no con claridad desde la cabeza, pero quien sin duda mantiene el recuerdo de las experiencias vividas es el cuerpo, que envía señales para que nos percatemos de que hay algo a la espera de ser atendido y que por sí mismo no puede procesar.

Todos, en mayor o menor medida, somatizamos, es decir, nuestras emociones afectan al cuerpo. La somatización es normal y natural. Sin embargo, cuando el dolor de origen desconocido es cada vez más frecuente o cuando interfiere habitualmente en nuestro día a día, podemos sentirnos indefensos y desesperados.

A lo largo de mis años de experiencia profesional, me he encontrado con pacientes cuyo cuerpo contenía las emociones, sensaciones y el dolor emocional de situaciones sin resolver, sin hablar y sin llorar. He sido testigo de la huella que puede dejar el impacto del trauma, y de la necesidad de ser escuchado. También he podido observar con satisfacción cómo la psicología los ha ayudado a sobreponerse y a contar con más herramientas para enfrentarse al dolor. En este libro, he incluido casos reales (con los nombres cambiados y detalles modificados) que sirven para ilustrar de qué hablamos cuando nos referimos a la «memoria del cuerpo» y que dan una visión humana a una problemática que a menudo se ha despreciado.

El enfoque psicoterapéutico con el que abordo estas situaciones es la terapia EMDR, desarrollada por Francine Shapiro en los años ochenta, que se basa en que los traumas no procesados quedan almacenados de manera disfuncional en el cerebro y pueden causar síntomas persistentes como los que ya he enumerado. El EMDR (*Eye Movement Desensibilization and Reprocessing*) tiene que ver con el uso de los movimientos oculares para la desensibilización y el reprocesamiento de los recuerdos, así como el reconocimiento de las sensaciones físicas relacio-

INTRODUCCIÓN

nadas con el trauma. Aunque al principio puede provocar escepticismo, es un método de psicoterapia efectivo y ampliamente investigado; a diferencia de otras terapias, que se centran en solucionar los problemas del aquí y del ahora, el EMDR invita a procesar los recuerdos asociados a experiencias dolorosas que son el origen de lo que todavía molesta y daña en el presente. Como resultado se integran los recuerdos, dejan de perturbar y llega la calma y la disminución de los síntomas con los que estaban asociados.

Este libro quiere ser una guía, un mapa que acceda a lugares poco explorados. Mi deseo es que ayude a entender lo que ocurre, cuando lo convencional no da resultado y el origen no está en el cuerpo, sino en la cabeza. Mi intención en estas páginas es ofrecer estructura y claridad, además de compasión (desde el comprender) y acompañamiento, a todo aquel que se acerque a leerlas.

PRIMERA PARTE

EL LENGUAJE Y LA MEMORIA DEL CUERPO

Capítulo 1
El cuerpo habla

El cuerpo se comunica cada día, desde que nos despertamos hasta que nos acostamos. En diferentes momentos expresa distintas necesidades para mantenernos en óptimas condiciones. Tiene que comunicarse si quiere recibir lo que necesita. Puede tener hambre, sed, precisar descanso, nutrientes, movimiento, relajación..., y todos estos factores serán cruciales para que mantenga su homeostasis, es decir, el equilibrio entre todos los sistemas que le permiten funcionar de forma adecuada. Cuando algunos de estos elementos de la ecuación no se cubren o fallan, el cuerpo no puede funcionar de manera óptima y la demanda aumenta.

Por ejemplo, cuando el cuerpo requiere comida aparece la sensación de hambre a través de unas señales que se llaman *interoceptivas* y que mantienen el cerebro y el cuerpo en comunicación. Si no se hace nada para que esta hambre pase, llega un momento en el que el cuerpo para de enviar señales para no gastar energía innecesariamente y la persona que quería comer, pasadas unas horas sin ingerir alimento, deja de sentir la sensación de hambre. Hasta que llegue el momento en el que vuelva a oler comida y se despierten los sentidos y, con ellos, las señales que avisan de que el cuerpo necesita comida. Cuando se ignoran repetidamente las señales *interoceptivas*, hay un punto en el que el cuerpo pasa a funcionar desde otro nivel de supervivencia y activa otras funciones. Eso ocurre con las personas que sufren anorexia nerviosa, que dejan de comer hasta que, de tanto ignorar las señales de hambre, ya no las sienten. Para sobrevivir, el cuerpo acaba recurriendo a otras estrategias, como la desaparición de la menstruación, la disminución de la presión arterial…, es decir, intenta adaptarse, aunque esto acarrea no pocas consecuencias físicas y mentales.

El cuerpo nos habla, y el proceso de comunicación con nuestro cuerpo no podría entenderse sin la memoria sensorial. Se trata de la primera etapa del procesamiento de información y consiste en la capacidad de retener información a través de los sentidos (la vista, el tacto, el olfato…). La información captada se almacena durante un tiempo muy breve, en general durante pocos segundos, y rápidamente se decide si es importante o no y, por lo tanto, si la guardamos o la descartamos. Por ejemplo, imagina que estás en la pescadería y la pescadera anuncia el número de turno porque el monitor está estropeado. Escuchas el número y esa información se guarda en tu memoria sensorial durante unos pocos segundos. Durante ese corto periodo de tiempo, tu cerebro decide si esa información es importante para recordarla o no. Si es tu número, prestas atención; si no, la descartas.

O, por ejemplo, imagínate que estás viendo una película y aparece una escena impactante. La memoria sensorial retiene la imagen unos segundos para codificarla y procesarla. Al tratarse de una imagen desagradable o violenta, en este caso genera una reacción interna que nos hace sentir miedo o rabia, y que va acompañada de incomodidad física, como encogimiento de estómago y tensión en la espalda. En este caso, el cerebro no elimina la información, sino que la almacena y la guarda como un aprendizaje para que nos pueda proteger si nos encontramos en una situación parecida.

Gracias a la memoria sensorial podemos reaccionar ante el peligro, mantenernos con calma cuando no lo hay o percibir señales si realizamos actividades. Sin esta memoria, no nos sería posible adaptarnos ni comprender nuestro entorno.

La consciencia corporal

Habitar el cuerpo, o, lo que es lo mismo, vivir conscientemente en el cuerpo, es necesario para estar en contacto con él y sus necesidades. Debemos atender a las señales básicas que nos manda nuestro organismo si no queremos que pasen desapercibidas y conlleven consecuencias desagradables.

Para acceder al cuerpo y a su inteligencia innata primigenia se hace necesario estar en el cuerpo, lo que se llama corporalizarlo, habitarlo. Aunque parece que habitar y corporalizar el cuerpo viene dado por la propia vida, no es realmente así. Existen varias circunstancias en la historia de una persona que pueden provocar que se deje de habitar, y un cuerpo no habitado, no corporalizado, es un cuerpo no sentido. ¿Quién querría no sentir el cuerpo? Uno de mis pacientes me dio esta respuesta: «No quiero sentir mi cuerpo porque sentirlo es la condena de conectar con mis emociones».

La desconexión del cuerpo es una de las protecciones más automáticas cuando se sufre desde el cuerpo y en el cuerpo. Experiencias de vida de maltrato, situaciones de abuso, accidentes que provocan lesiones, intervenciones médicas, enfermedades autoinmunes, dolor crónico, problemas o defectos físicos, *bullying*, situaciones de vergüenza repetida o humillación, duelos que se complican... Todas estas circunstancias pueden provocar que alguien desconecte de su cuerpo. Las señales de desconexión van desde lo más sencillo (como no sentir la necesidad de ir al baño hasta que la vejiga está completamente llena y se siente una incomodidad máxima) hasta desconexiones más complicadas donde la persona tiene anestesia del dolor y de las sensaciones físicas como el frío.

Cuando el cuerpo no está habitado se corre el riesgo de que no esté siendo cuidado y la persona no sea consciente porque no sepa leer las señales. En algunos casos, hay una negación y la persona está convencida de que no hay que prestar atención a lo que venga del cuerpo, y, en otros casos, la persona se llega a asustar porque de repente siente unos síntomas con los que no contaba, como si el cuerpo no hubiese dado señales con anterioridad.

Para ejemplificar estas actitudes, pongamos el ejemplo de una persona que sufre de gota, una enfermedad producida por la acumulación de ácido úrico en forma de cristales. El paciente padece un dolor bastante intenso y tiene que hacer cambios a nivel alimentario, como dejar de comer carne roja y de beber alcohol, para evitar el exceso de ácido. La solución parece sencilla. Sin embargo, dicho paciente no hace los cambios pertinentes y el dolor vuelve una y otra vez porque aumenta el ácido úrico. La explicación es que la persona no está en contacto con su cuerpo y niega la situación. De primeras, acepta que tiene ese problema y sigue la medicación cada vez que aparece el exceso de ácido úrico para bajarlo, pero no adopta medidas para evitar que se repita. No hay toma de conciencia de las señales que provienen del cuerpo, del daño que está sufriendo. La persona entra en la queja, pero no cambia la situación.

Es necesario tomar conciencia de la falta de conexión con el cuerpo para que algo empiece a cambiar, para que podamos pensar y percibir el cuerpo de manera diferente.

Las emociones «protectoras»

Todo pasa por el cuerpo, podríamos hacer la historia de nuestra vida a través de aquello que muestra. Nuestra forma de andar, la postura que sostenemos, la curva de nuestra espalda, la inclinación de nuestro pecho, la elevación de nuestra barbilla, lo enroscados que están nuestros hombros, la separación de nuestras piernas, la curva de nuestras rodillas, lo prominente que es nuestra mandíbula, la apertura de nuestra cadera... Las diferencias entre las personas y sus cuerpos configuran el mapa de la historia vivida.

Alguien que arrastra los pies y hace ruido al andar tiene una historia vital distinta de alguien que es silencioso y eleva los pies al caminar. O, cuando una persona muestra colapso en el pecho, es decir, su espalda se curva hacia dentro y genera una gran tensión en los músculos de la zona corporal, existen unas emociones asociadas a su postura y unas experiencias de vida que dejaron esa huella en el cuerpo.

Brais y el colapso

Cuando Brais llegó a consulta sentía mucha ansiedad, mucha presión en el pecho y un fuerte dolor en el cuello. Su postura era de colapso, pero no sabía lo que era eso. Le expliqué que, a veces, las personas nos vamos sintiendo hundidas a nivel emocional debido a las circunstancias vividas y que eso tiene su expresión en el cuerpo. El pecho suele mostrarse hundido para proteger nuestras emociones, nuestra emocionalidad. Eso implica que los hombros se adelanten y se enrosquen, y que el pecho hundido se compense con la postura. El cuello se fuerza tensando las cervicales y obliga a que la mirada tienda hacia el suelo. Como resultado de esta postura, quienes tienen colapso adoptan una respiración menos fluida y tensa, lo que puede intensificar la ansiedad. Además, pueden aparecer dolores en el cuello y las cervicales.

Le expliqué que este colapso puede ser el resultado de una protección que la persona ha ido desarrollando a lo largo del tiempo debido a situaciones dolorosas y en las que se ha sentido muy expuesta o amenazada. Para que Brais tomara conciencia del colapso, le propuse que se imaginara una marioneta con una cuerda atada al pecho. Al tirar de la cuerda, el pecho de la marioneta se expande; al soltarla, el pecho se contrae. Luego, le sugerí que se imaginara que él era la marioneta y que tirase despacio de la cuerda que tenía atada al pecho para que pudiera experimentar cómo modificaba la estructura de su cuerpo momento a momento y cómo se sentía al hacerlo.

Empezó a notar la diferencia y a observar cómo su cuerpo cambiaba de postura. Pudo percibir la rectitud, cómo su columna se estiraba, y eso lo asustó, ya que se sentía demasiado erguido, a mi altura, sentado, mirándome directamente a los ojos en una postura que no era la que tenía en la vida. Desde hacía tiempo, su postura tendía hacia el suelo, obligándolo a forzar el cuello para mirar a los demás y al mundo desde abajo. Por eso, mirar de frente lo asustaba y le provocaba vergüenza.

Como hemos visto con el testimonio de Brais, hay emociones que se presentan como defensas, entendidas como protecciones, que surgen como resultado de experiencias dolorosas. Dichas emociones son:
- La vergüenza.
- El miedo.
- La rabia.

Estas defensas, que en un principio se activan para protegernos, con el paso del tiempo se pueden acabar convirtiendo en una limitación. Es decir, la protección se convierte en un problema. Por ejemplo, si cuando somos pequeños nos avergüenzan, haciéndonos de menos, llamándonos la atención delante de los demás, o insultándonos, sentimos vergüenza y esta, con el paso del tiempo, nos hace pasar desapercibidos. Sin embargo, cuando de adultos necesitamos exponernos, por ejemplo, en un examen oral delante de más gente, la vergüenza saldrá a protegernos aun cuando no la necesitamos. La vergüenza desarrolla una estructura interna, «el yo escondido», que nos hace ocultar y mantener en secreto partes de nosotros mismos para protegernos de juicios y rechazos.

Esta defensa se puede manifestar a nivel corporal mediante el colapso, ya explicado, y es a través de recursos como el de la cuerda que se puede ayudar a cambiar. Modificando el colapso se transforma la vergüenza somatizada (en el siguiente apartado veremos bien en qué consiste esto de la somatización) y sale todo aquello que se necesita procesar y trabajar conectado con la propia historia de vida.

Además de la vergüenza, el miedo es otra de las defensas que se activan y que se expresa a través de la tensión en el cuerpo. Una persona con miedo puede sentir escalofríos, agarrotamiento en diferentes partes del cuerpo, incomodidad en el estómago y movimiento intestinal, entre otras manifestaciones. Por definición, el miedo es «la incapacidad que creemos tener para enfrentarnos a algo, a alguien o a realizar alguna tarea». Cuando entendemos que para superarlo debemos enfrentarnos a la situación que lo genera, este disminuye. Así es como actúan precisamente las personalidades contrafóbicas, aquellas personas que cuando sienten miedo a algo se enfrentan a la situación que lo provoca para sentirse de nuevo capaces y liberarse de las sensaciones de malestar. Entre los bomberos, por ejemplo, suele encontrarse este tipo de perfil de personalidad que tiende a enfrentarse al miedo para solucionarlo.

Cuando se entiende mejor en qué consiste el miedo y se reconoce su expresión en el cuerpo, una de las formas de hacerle frente es instalando un recurso de empoderamiento, que ayude a fortalecer la autoestima, mejorar la capacidad de elección y ejercer poder sobre la propia vida y el entorno.

Alinear postura, respiración y visualización. Técnica para enfrentar el miedo

1. Cuando sentimos miedo, pensamos en una situación en la que creemos que hemos conseguido algo importante, y donde obtenemos la valoración de los demás o la nuestra propia. Si no podemos encontrar ninguna situación que cumpla con estas características, pensemos en un personaje de la literatura o del cine que represente este empoderamiento. Una vez elegida la situación, ponemos énfasis en cómo es la postura de ese personaje: pecho expandido, hombros abiertos, cabeza recta, barbilla hacia atrás, columna alineada. Imitamos la postura y nos concentramos en coger y soltar aire para notar la diferencia de sentir el pecho extendido.
2. Buscamos una palabra que represente el empoderamiento y la conectamos a las sensaciones y la postura del cuerpo. Podemos sentir el cuerpo en esta postura de

> apertura, con el cuerpo extendido y alineado mientras cogemos aire profundamente. Un ejemplo de palabra podría ser «fuerza» o «capacidad».
> 3. Nos permitimos sentir el empoderamiento en el cuerpo y a través de la palabra elegida. Podemos unirle un color que nos ayude a hacer el recurso más intenso, por ejemplo, pensando en nuestro color favorito. Anclamos esta sensación colocando la mano en el pecho, de modo que podamos activar el recurso cada vez que sintamos miedo.
> 4. Unimos todos los elementos del recurso: la postura, la respiración y la palabra. Pensamos en el color, se coloca la mano en el pecho y se deja que el empoderamiento se sienta como un recurso completo. Nos tomamos el tiempo suficiente para que pueda ser sentido e instalado. Una vez terminado el proceso, cuanto más activemos el recurso a través de la mano en el pecho, más se condicionará el recurso, para aquellas situaciones en las que sintamos miedo.

La rabia, por su parte, es la emoción que como defensa tiene dos presentaciones: la expresión y la supresión. Puede aparecer para evitar el contacto con el dolor y la tristeza, y en otros casos la rabia surge suprimida por el miedo anticipado de las consecuencias negativas que pueda conllevar. En estudios publicados sobre la expresión de la rabia con pacientes con dolor y fibromialgia, se vio que el dolor y la rabia comparten vías neurofisiológicas, lo que significa que ambos sistemas están interrelacionados y se influencian mutuamente. Por ejemplo, el dolor crónico puede llevar a respuestas de rabia y la rabia puede intensificar la percepción del dolor.

La rabia, cuando se expresa, se manifiesta físicamente en signos como tensión en la mandíbula, tensión y dolor en el cuello, contracturas en los músculos, puños cerrados y pecho hacia delante. Cuando la rabia es suprimida, se manifiesta a través de síntomas como dolor o molestias gastrointestinales, problemas en la piel, insomnio y migrañas.

En el gráfico que muestro a continuación vemos el esquema de cómo y para qué aparece la rabia como protección. Una vez que podamos entenderlo, nos ayudará a manejar la rabia dándole sentido para desarrollar mayor sensación de control interno.

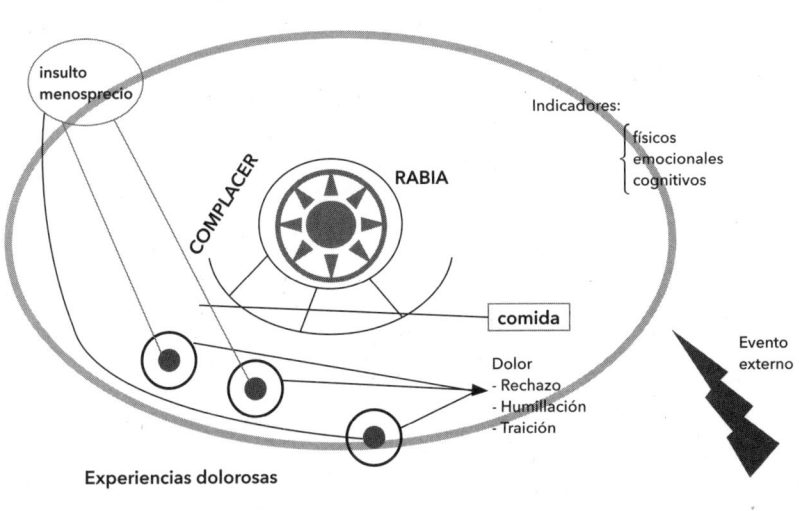

El óvalo representa esa membrana invisible que divide nuestro mundo interno del mundo externo que nos rodea. El mundo interno está compuesto de nuestras características de personalidad, nuestra emocionalidad, es decir, todo aquello que nos define. Cuando algo que viene de fuera, como un evento externo (representado como ese rayo en el gráfico), toca nuestra membrana, algo se activa dentro de nosotros. En el mundo interno vemos tres pequeños círculos que representan las experiencias dolorosas vividas no procesadas (es decir, llenas de rechazo, humillación y traición) que todavía duelen y perturban.

Imaginemos que ese rayo que toca nuestra membrana representa el día en el que nuestros mejores amigos organizan una fiesta y no nos invitan, esa situación activa la traición, que está presente en una de las experiencias dolorosas del pasado. Cuando esto ocurre, no somos capaces de sentir lo que nos está pasando porque automáticamente aparece la rabia para protegernos del dolor de la traición. La rabia con su intensidad lo invade todo y no nos da tiempo a saber qué es lo que nos duele porque todo se convierte en rabia. En realidad, no estamos enfadados, lo que estamos es dolidos, asustados y/o tristes, pero como es una traición que conecta con otra más antigua duele tanto que la rabia y su intensidad ayudan a cubrir todo lo demás.

Hay una segunda parte en este proceso que se da en personas que para calmar la rabia, una vez que la sienten como incontrolable, utilizan la comida, complacen a los demás o tienen ataques de rabia en los que manifiestan reacciones que les traen complicaciones que se convierten en un problema añadido.

Identificar con qué conecta la rabia que sentimos (nuestros estallidos de ira, enfados incontrolados...) nos enseña a entendernos mejor y nos muestra qué hay detrás cuando nos enfadamos.

¿De qué hablamos cuando hablamos de somatización?

Como ya hemos anunciado, muchos problemas emocionales no se manifiestan psicológicamente, sino a través del cuerpo. En estos casos, se suele recurrir primero a un médico para encontrar una causa. Sin embargo, cuando no se halla la explicación médica, a menudo descubrimos que el origen es psicosomático.

Entendemos por somatización la tendencia a experimentar el estrés emocional en forma de dolencias y sensaciones físicas que se expresan de manera clara y visible en alguna parte del cuerpo. Existen diferentes clasificaciones y términos para referirse a la somatización y a sus síntomas, siendo estos los más comunes:

- **Síntomas psicosomáticos:** cualquier proceso psicológico que tiene su influencia en el cuerpo o síntomas físicos que no pueden ser atribuidos a ninguna enfermedad y cuya causa más probable sea la psicológica.
- **Síntomas sin explicación médica:** síntomas que se cree que están relacionados con el estrés y no se atribuyen a ninguna enfermedad física.
- **Síntomas psicógenos:** síntomas cuyo origen es atribuido al estrés o a una alteración psicológica.

Con independencia de la terminología que se use, las somatizaciones son normales y naturales en las personas. Todos tenemos somatizaciones como un proceso natural del cuerpo. Sin embargo, unas personas referimos más somatizaciones y quejas físicas constantes, lo que ya no es tan natural ni normal. Los síntomas somáticos pueden ser difíciles de diagnosticar y tratar porque a menudo los percibimos como indicadores de problemas médicos más graves. Es importante, antes de etiquetarlos como somáticos, realizar pruebas médicas para descartar otras afecciones. Una vez descartada la base «orgánica», es aconsejable emprender una terapia psicológica. Dicha psicoterapia, en lugar de centrarse en distinguir lo que es físico de lo que es emocional, consistirá en intentar mejorar la parte emocional para que el problema físico también acabe mejorando.

Los síntomas somáticos

Los síntomas somáticos pueden variar ampliamente, incluyendo el dolor, la fatiga, los problemas digestivos y las dificultades respiratorias, entre otros. Pueden afectar significativamente a la calidad de vida de una persona y son muy reales para quienes los experimentan. Dichos síntomas y los trastornos de ansiedad o depresión pueden interaccionar. Por un lado, la presencia de síntomas somáticos puede ser un indicador de ansiedad o depresión; por otro, estos trastornos pueden causar o intensificar los síntomas somáticos. Descifrar qué es lo primero es tan poco útil como intentar responder si primero fue el huevo o la gallina.

Existen diferentes tipos de síntomas somáticos que se pueden dividir en cuatro categorías, como se muestra en la siguiente figura:

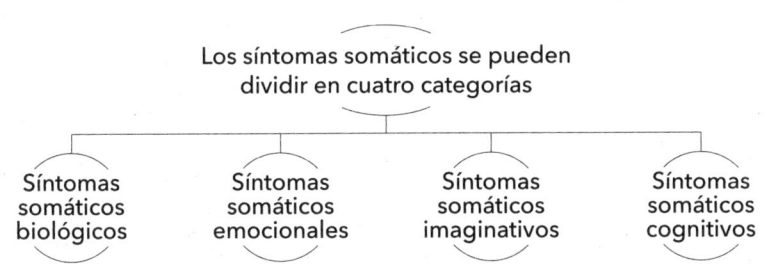

1. **Síntomas somáticos biológicos.** Aquellos que se producen principalmente por factores físicos, químicos y biológicos como resultado directo de un daño o lesión.
2. **Síntomas somáticos emocionales.** Aquellos síntomas físicos relacionados con la experiencia emocional. Las raíces conectan con estados emocionales negativos instalados a los que no se les ha dado una salida adaptativa. Se pueden relacionar con procesos de alexitimia, es decir, cuando la persona tiene dificultad para reconocer tanto las emociones propias como las de los demás. Al no reconocer las emociones ni identificarlas, se fomenta la vigilancia hacia las sensaciones y aumentan las quejas somáticas.
3. **Síntomas imaginativos.** Se refieren a aquellos que resultan de la imaginación, sugestión o autosugestión. Lo más característico de estos síntomas es la variedad y recurrencia. Por ejemplo, las personas que informan que sienten algo pegado en la garganta que les impide tragar y dicen sentir dolor y ansiedad

al notarlo. En esos síntomas sucede que las estrategias de compensación o las soluciones que se buscan para dar solución al problema se acaban convirtiendo en otro problema añadido al primero. Por ejemplo, si intentan sacar lo que sienten que tienen pegado, pueden acabar lesionando e inflamando la garganta, de manera que aumenta el dolor por el daño.

4. **Síntomas somáticos cognitivos.** Son aquellos relacionados con la experiencia cognitiva, es decir, aquello relacionado con los pensamientos y las creencias, además de la memoria. Abarcan dos categorías:

- Los que se relacionan con la interpretación de los estados emocionales. Por ejemplo, cuando una persona da a una sensación o un estado físico una interpretación negativa y esto se puede acabar convirtiendo en un síntoma físico.
- Los que se denominan una «ilusión». Dentro de esta categoría entrarían los llamados «acúfenos», es decir, los sonidos que no tienen una fuente externa y que solo puede escuchar el paciente, pero no las demás personas. No tienen ninguna razón física, pero son experimentados como claros y vívidos.

A menudo es complicado encontrar el origen de los síntomas, por lo que es clave asociarlos a una experiencia de vida. Para intentar esclarecer qué tipo de síntomas psicosomáticos tenemos, podemos formularnos las siguientes preguntas:

Cuestionario para conocer mejor los síntomas somáticos

- ¿Cuándo aparecieron los síntomas por primera vez?
- ¿Cómo surgieron? ¿Intensidad? ¿Frecuencia?
- ¿Cómo fue empezar a sentir esos síntomas?
- ¿Relacionamos esos síntomas con alguna experiencia anterior?
- ¿Qué estaba pasando en ese momento?
- ¿Qué había ocurrido antes? (Algunos síntomas aparecen tiempo después de los acontecimientos con los que están asociados).
- ¿Cómo de limitantes son los síntomas para nuestra vida?
- ¿Qué estrategias o mecanismos activamos cuando empezamos a sentir los síntomas para pararlos o evitarlos?
- ¿Cuánto sentimos que tenemos el control sobre lo que ocurre? ¿O, por el contrario, no sentimos control sobre los síntomas y se nos activa el miedo y la indefensión?
- ¿Cuánto apoyo familiar, médico y social sentimos en nuestros síntomas?

Debemos comprender que el síntoma surge para romper la estabilidad interna y promover la integración de lo que no hemos permitido o podido integrar. Cuando estamos organizados internamente, nos mantenemos funcionales y en modo de supervivencia, sin cuestionar si esa organización es saludable o acabará resultando problemática.

Sin embargo, cuando los síntomas aparecen, algo cambia dentro de nosotros y buscamos un nuevo orden interno. Este nuevo orden, promovido por el síntoma, nos obliga a cambiar e integrar aquello que probablemente fue solicitado durante mucho tiempo, pero que pasó desapercibido o fue ignorado.

Lucas y la ceguera

Lucas, un hombre de treinta y tres años, comienza a mostrar episodios de ceguera temporal y pérdida de sensaciones en las piernas, sin que haya nada médico que pueda dar explicación a estos síntomas. Todo comienza cuando una noche, saliendo de juerga con los amigos, es testigo de un grave accidente en el que mueren dos personas. Queda muy impactado por este acontecimiento y en las dos semanas posteriores al accidente empieza a desarrollar los síntomas descritos. Durante el relato de la historia, le pregunto si en esa misma época estaba teniendo algún problema, y me responde que sentía mucha presión y estrés por no cumplir con los objetivos del banco en el que trabajaba.

Probablemente debido al estrés de esa época de su vida, todo lo registrado como testigo del accidente no pudo ser procesado adecuadamente por su sistema. Su cuerpo estaba expresando mediante los síntomas aquello que necesitaba sacar y que permanecía dentro de él en forma de imágenes, emociones y sensaciones de lo vivido entonces.

Le hice una pregunta para saber si el síntoma guardaba algún significado: «Si tu cuerpo a través de la ceguera te quisiera hacer ver algo, ¿qué sería?». Su respuesta fue: «Dejar de ver las imágenes de las personas muertas en los coches». Tenía sentido que, si el trauma estaba a la espera de poder ser procesado, el cuerpo estuviese buscando la manera de hacérselo ver. Los ojos y la ceguera eran el síntoma desde donde el mensaje se estaba transmitiendo.

Los disparadores

Los disparadores son las situaciones concretas que disparan el síntoma en el momento presente y que lo vuelven más intenso. Hay que prestarles atención porque nos dan información sobre qué tenemos que rastrear y sobre lo que está sin resolver a la espera de ser trabajado. Los disparadores de síntomas somáticos pueden surgir de:

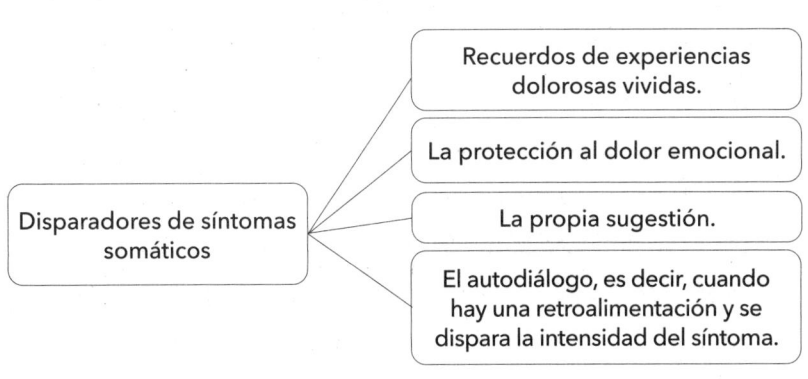

Para aprender el lenguaje del cuerpo, es imprescindible entender que este se comunica a través de sensaciones y síntomas. La somatización es una forma de trasladar un malestar o un sufrimiento, es una defensa que nos protege y desplaza lo doloroso y complicado para evitar que nos abrumemos. Podemos rastrear el síntoma para descubrir el proceso de cómo se genera, cómo evoluciona, qué lo dispara y qué función tiene. Esta investigación nos puede dar pistas sobre su origen.

Puri y la parálisis

Puri tiene cuarenta y tres años y presenta un trastorno que le afecta a las piernas y le impide andar. Llega aterrada pensando en la posibilidad de acabar inválida. Le da miedo quedarse en silla de ruedas. Las pruebas médicas no dan afectación orgánica, pero ella no puede andar. Repite de manera obsesiva lo aterrada que está y el deseo de volver a caminar como lo hacía antes. Su padre, ya mayor y viudo, vive solo y no tiene quien lo cuide porque durante toda su vida ha sido muy despreciativo con todo el mundo, incluido con ella, y ahora está solo. Sin embargo, ella se siente culpable porque desde pequeña le han inculcado que es su padre y que su obligación es cuidarlo. Este hombre ha humillado, vejado y hecho sentir miserable a Puri, y aun así ella se siente muy mal por si le pasa algo y no puede ir a asistirlo. Lo sorprendente es que no todo dentro de ella quiere. En consulta empezamos a rastrear juntas cuándo comienzan los síntomas de la parálisis en las piernas.

Le pregunto: «Si algo en ti no estuviese de acuerdo con ir a ver a tu padre, ¿qué sería?». Le cuesta entender la pregunta y se la repito. Entonces le cambia la cara y responde: «Mis piernas, quizá mis piernas no quieren que vaya a ver a mi padre por el dolor que me causa su humillación constante y sus caras de asco hacia mí. Estuve ingresada en el hospital hace dos semanas por mi estado físico y en el momento en que me dieron el alta fue cuando se me activó aún más la parálisis».

Le pregunto si en el hospital ha ocurrido algo que haya podido intensificar más la parálisis en las piernas. Ella me dice lo siguiente: «Me trataron mal durante el ingreso, me sentí igual, de la misma manera que me hace y me hacía sentir mi padre».

Como vemos con el testimonio de Puri, el síntoma da significado a la parte saludable de la persona que se expresa a través del cuerpo. Suele ser ese lugar de la persona que necesita expresar aquello que requiere pero que niega por la falta de conexión con el cuerpo. La voz dormida silencia lo vivido del pasado, y por ello no se llega a la integración del cuerpo en el presente.

Capítulo 2
Descifrar las señales del cuerpo

Las emociones tienen manifestaciones corporales. Aquellas que afectan negativamente a la salud son las que, al prolongarse en el tiempo o presentarse con gran intensidad, pueden tener un impacto perjudicial, como el aumento del ritmo cardiaco, la tensión muscular o cambios en la respiración. Dicho impacto físico también tiene un impacto mental. Por ejemplo, el estrés crónico puede llevar a problemas cardiovasculares, trastornos del sueño y un sistema inmunológico debilitado. La ansiedad y la depresión persistentes pueden causar dolores de cabeza, problemas digestivos y una sensación constante de fatiga. Además, las emociones intensas pueden desencadenar respuestas fisiológicas agudas, como ataques de pánico o hipertensión, que también comprometen la salud.

Estudios recientes han revelado algo fascinante: las mismas áreas del cerebro que regulan nuestras emociones también estabilizan nuestras respuestas inflamatorias. Por lo tanto, la conclusión es reveladora: para facilitar que el dolor físico se reduzca es necesario que aprendamos a regularnos emocionalmente, y así mantener un equilibrio integral en nuestro cuerpo y mente.

La regulación emocional es la capacidad de manejar y gestionar nuestras emociones de manera efectiva. No solo significa reconocer y entender lo que sentimos, sino también responder adecuadamente tanto a nuestras propias emociones como a las de los demás. Aunque suena sencillo, en la práctica a menudo resulta un desafío.

Cuando no hay regulación emocional, las emociones reprimidas dejan una huella significativa en nuestro cuerpo, que afecta tanto a nuestra salud mental como a nuestra salud física. La neurociencia ha demostrado que nuestras emociones, especialmente aquellas no gestionadas adecuadamente, pueden manifestarse en el cuerpo en forma de tensiones musculares, dolores de cabeza y otros problemas somáticos. Este fenómeno se debe a que las emociones no expresadas buscan otras vías para canalizarse, a menudo de maneras que son menos funcionales para nosotros.

Las personas que viven con dolor, inflamación y síntomas que se manifiestan con frecuencia sin previo aviso viven en una situación de alerta constante. La indefensión forma parte de su experiencia emocional. Por lo tanto, lo primero que necesitan es encontrar una base segura que las ayude a estabilizarse.

Mario y la incredulidad ante el dolor

Los síntomas tienen significado, aquel que tan solo reconoceremos cuando estamos en conexión con el cuerpo. De no ser así, es probable que entremos en distrés por la preocupación de no entender lo que nos ocurre. Este es el caso de Mario, un hombre de cuarenta y tres años que acude a consulta de psicoterapia en estado de desesperación para descubrir y tratar aquello que provoca el dolor físico que sufre y que, según su médico, solo está en su cabeza. Cuando se presenta dice estar confuso, no entiende qué tiene que ver su dolor con estar en una consulta de psicología. Le digo que por favor me cuente para que me haga una idea acerca de lo que sucede y este es su relato.

Mario: Tengo un dolor en el costado, un día me levanté por la mañana y noté que me dolía esa zona, específicamente, la parte superior derecha del abdomen. Al principio no le di importancia porque lo achaqué a una mala postura durmiendo ya que no había nada más que hubiese pasado para que ese dolor estuviese presente. Fueron pasando los días y el dolor continuaba y se intensificaba. No soy hipocondriaco por naturaleza, bueno, no lo era, ahora creo que ya he desarrollado ese trastorno o como lo llaméis los psicólogos. Al notar el aumento del dolor, me fui a internet buscando respuestas y todo coincidía con el dolor que se siente cuando ocurre algo en el hígado. Al ver esa información, se me apretó el estómago del susto. De ser una persona que no ha conectado con la idea de las enfermedades nunca en la vida, a partir de ese momento, comenzó una tortura de pensamientos acerca de todo lo terrible que podía padecer, un tumor o cáncer. Ese mismo día llamé al médico para que me viese cuanto antes. Dejé de dormir por la noche y empecé a sentirme nervioso y preocupado por ese dolor que me comenzaba a limitar en el día a día y alrededor del cual me daba vueltas continuamente la cabeza. Me hicieron pruebas médicas y los resultados dieron bien. Mi sorpresa fue monumental, no tenía nada, pero entonces ¿de dónde venía ese dolor? La respuesta del médico fue clara, aludiendo a que no había nada a nivel orgánico que explicase lo que yo describía que sentía en el abdomen. Al parecer los síntomas podrían coincidir con algo en el hígado, pero el órgano estaba bien. Me recetó relajantes musculares que me dejaban dormido pero que no me quitaban el dolor. Pedí cita con otro especialista. Más pruebas y los mismos resultados, todo estaba bien. Sin embargo, este otro médico añadió algo que me enfadó todavía más: «Ese dolor está en tu cabeza». Disculpa que hable así, pero mi respuesta fue desde el enfado y la frustración: «Pero qué coño va a estar en mi cabeza, no tengo otra cosa yo más que hacer que inventarme dolores creyendo que tengo cáncer para joderme la vida». Nada contento con esta segunda consulta pedí una tercera opinión que me dio los mismos resultados, nada orgánico. En esta ocasión ya me mandaron al psicólogo directamente y al psiquiatra para que tomase medicación. No daba crédito. No es que buscase que me diesen mal las pruebas porque eso hablaría de locura total, sino que busco respuestas a mi puto dolor, que cada vez siento más y además se complica con dificultades a la hora de dor-

mir por la preocupación que tengo y mi cambio de carácter, que cada vez es más obvio para la gente que me rodea.

Yo: ¿Cuándo empezó el dolor?

Mario: Hace un año más o menos. Un día me levanté, apareció y ahí sigue.

Yo: ¿Qué estaba pasando en esa época en tu vida?

Mario: Justo ahí nada, pero unos seis meses antes me echaron del trabajo. Unos compañeros por envidia, creemos que fue, me hicieron una encerrona, me acusaron a mí, no me creyeron y me despidieron.

Yo: ¿Y cómo fue para ti ese momento?

Mario: Era todo superinjusto, pero no les di el placer de verme mal. Me fui, como me dijeron, y mi orgullo me ayudó a salir adelante.

Yo: ¿Y cómo gestionaste la injusticia y supongo que la rabia de todo lo que te hicieron y el trato recibido?

Mario: Lo gestioné tirando para delante y simplemente desapareció.

Yo: ¿Realmente crees que desapareció?

Mario: Sí. ¿Estás pensando que el dolor que siento puede estar relacionado con eso?

Yo: Así es. Lo que describes es una situación muy complicada en la que tus compañeros te engañan y debido a eso pierdes el trabajo. Imagino que a nivel emocional ha tenido que ser muy duro, pero tú no te has permitido sacar nada, lo cual me hace pensar que sigue en tu cuerpo a la espera de ser aliviado. El problema aparece cuando pasa el tiempo y no prestamos atención a cómo nos sentimos. Porque nuestra cabeza nos guía sin tener el cuerpo en línea. Ahí es cuando todo lo no procesado adecuadamente empieza a afectar. El cuerpo tiende a la curación, busca la manera de sacar aquello que molesta, lastima e interrumpe el equilibrio interno.

Mario: ¿Lo que me intentas decir es que todo está en mi cabeza? Confirmando lo que me dicen los médicos.

Yo: Lo que te intento decir es que todo está en tu cuerpo y tu cabeza bloquea que salga. Déjame que te diga algo que te va a parecer curioso y quizá pueda ayudarte a enlazar y a encontrar tus propias respuestas. Desde la psicosomática, si el dolor que tú tienes viene del hígado, siendo un órgano como es muy sensible a las emociones, ¿sabes cuál es la emoción que se asocia con él? La rabia. Un desequilibrio en el hígado puede ser un indicador de un desequilibrio emocional que si no se atiende cuando aparecen las primeras señales pueden llegar a dañar al órgano. Cuando en el hígado hay energía bloqueada se pueden generar estados depresivos que se acompañan con crisis de irritabilidad y mal humor. ¿Te puede sonar familiar esto que te digo?

Mario: ¿En serio me estás diciendo que este dolor puede venir de lo que me hicieron?

Yo: Sí. Las experiencias duras de vida que no se procesan pueden convertirse en síntomas de enfermedad si no les damos salida.

Mario: O sea que, si esto es como dices, ¿lo que tengo que hacer es enfrentarme a toda la situación de lo que me hicieron?

Yo: Sí, así lo creo. Sería un paso muy importante que puedas pensar en todo esto.

Si examinamos con atención el transcurso de la vida podemos comprobar que la incidencia de las afecciones psicosomáticas aumenta en épocas de cambio. Lo que se modifica externamente implica que nos replanteemos el equilibrio adquirido hasta ese momento y nos exige un reajuste para enfrentarnos a la pérdida. Esto precisamente es lo que le sucedió a Mario, el proceso de ser despedido de su trabajo y el modo en cómo ocurrió lo obligaron a un reajuste que no se permitió y su cuerpo se lo hizo saber, mostrando con claridad la expresión somática de lo que no se permitió liberar a nivel emocional.

Emociones, sentimientos y estados de ánimo

Las emociones son la forma en la que las personas abordan las situaciones que consideran significativas. De acuerdo con la American Psychological Association (APA), la emoción se puede definir como un complejo patrón de reacción que involucra comportamientos y cambios fisiológicos. Tiene tres componentes:

- La **experiencia subjetiva**, es decir, lo que se percibe desde la propia sensibilidad personal.
- La **experiencia fisiológica**, que se refleja y se siente en el cuerpo.
- La **respuesta conductual o expresiva**. Lo que se responde o a lo que se reacciona.

Las emociones son el resultado de estímulos externos. Desde su presentación más sana y natural, las emociones tienen la característica de ser expresadas, ya sea a través de gestos faciales, lenguaje corporal, tono de voz, palabras... Cuando una persona atraviesa una situación difícil, como que le detecten una enfermedad, siente emociones como el miedo y la tristeza por el dolor que le causa estar viviendo una situación impredecible, y esto es totalmente natural y sano.

Los sentimientos surgen de una experiencia emocional, son el resultado de una emoción y pueden estar influenciados por recuerdos y creencias. Es decir, son la forma en la que se interpretan las emociones. Siguiendo con el ejemplo de la persona que está atravesando una enfermedad, puede sentir preocupación, un sentimiento negativo que surge de que, tras haber hecho un análisis de la situación, concluye que puede experimentar consecuencias negativas para su futuro.

Las emociones son reacciones psicofisiológicas que ocurren de manera espontánea y automática. En cambio, los sentimientos son la interpretación que hacemos de esas emociones y se pueden regular mediante nuestros pensamientos.

A diferencia de ello, el estado de ánimo es un estado de la mente o un sentimiento general que puede tener influencia en los sentimientos, conductas o acciones. Se refiere al humor de una persona, es decir, a lo equilibrado que se está en una situación determinada. Mantener un estado de ánimo estable es importante para mantener la salud a largo plazo.

Los estados de ánimo son de corta duración, tienden a ser menos intensos que las emociones y no necesariamente dependen de una situación que los active. Están influenciados por el ambiente, la dieta, el ejercicio, la salud física y por los propios pensamientos. Es probable que la persona que recibe la noticia de su enfermedad desarrolle un estado de ánimo deprimido y confuso, que incluya tanto las emociones que siente como los pensamientos que tiene acerca de la situación.

Lejos de entenderlos como entidades separadas, debemos comprender que emociones, sentimientos y estados de ánimo funcionan juntos, en equipo, y son los que nos dan la devolución de cómo se percibe el mundo y la vida a nuestro alrededor. Cuando estamos en un buen estado de ánimo tendemos a tener un tipo de emociones particulares, como por ejemplo alegría, que no suele aparecer en otros estados de ánimo más depresivos.

Las emociones viajan en grupos y se pueden clasificar en emociones básicas y complejas. Aunque la clasificación varía según el autor y la teoría, la idea común es que las emociones básicas se reconocen rápido por su expresión facial universal, mientras que las emociones complejas son combinaciones de las básicas. Se suelen clasificar como básicas estas seis emociones: felicidad, tristeza, miedo, enfado, sorpresa y asco. Dentro de las emociones complejas entrarían la vergüenza (mezcla de miedo, tristeza e incluso enfado), el orgullo (combinación de felicidad y sorpresa) y la pena (mezcla de tristeza y enfado), entre otras.

Desde un punto de vista neuropsicológico el procesamiento de las emociones se gestiona a través de un conjunto de estructuras ubicadas en el sistema límbico, también conocido como «cerebro emocional». Está compuesto por la amígdala, el hipotálamo, el hipocampo y el tálamo, entre otras estructuras.

La desregulación emocional y las emociones reprimidas

Las emociones representan un papel crucial en nuestra supervivencia y bienestar, influyendo en cómo vivimos y nos comportamos. Nos alertan sobre peligros, nos motivan a actuar y facilitan nuestras relaciones sociales. Sin embargo, cuando las emociones no se gestionan adecuadamente, pueden volverse destructivas y desproporcionadas frente a determinadas situaciones.

Carecer de habilidades emocionales para la autogestión puede llevar a problemas significativos. En situaciones de alta carga emocional, la incapacidad de procesar esta energía de manera constructiva podría resultar en conductas irracionales, explosivas o en una respuesta de hipoactivación, donde la persona se paraliza emocionalmente. Por ejemplo, alguien que no puede manejar su ira tal vez estalle en gritos o incluso en violencia física. Por otro lado, una persona que evita enfrentar sus emociones puede volverse apática o desconectada, incapaz de sentir de forma adecuada.

Estos ejemplos ilustran lo que entendemos por desregulación emocional, que ocurre cuando una persona no puede controlar cómo siente o expresa sus emociones. Se manifiesta de dos formas: la expresión excesiva (corresponde al ejemplo de la ira descontrolada) o la supresión emocional, en que la persona evita sentir emociones porque las encuentra abrumadoras o peligrosas.

Cuando no permitimos la expresión emocional, el cuerpo se expresa por nosotros, a menudo a través de síntomas desagradables. Debemos tener en cuenta que la forma natural de expresión de las emociones es aquella que muestra signos reconocibles. Cuando alguien se ríe esboza una sonrisa en la boca, cuando alguien se enfada se le frunce el ceño, cuando alguien está triste llora. Las lágrimas, por ejemplo, son una expresión somática de una emoción intensa (ya sea la tristeza, la felicidad o la rabia), ayudan a liberar y proporcionan una sensación de alivio. Las lágrimas actúan como un lubrificante natural para nuestro organismo: si no lloramos, nos oxidamos.

Noe y el llanto

Noe creció con una madre que reaccionaba con violencia, le pegaba bofetadas cuando lloraba y era imprevisible. Decía que era una llorica y que así no iba a ningún sitio, que con disciplina entendida a través de las bofetadas aprendería a «llorar por algo». Noe nunca entendió esta frase porque no sabía qué significaba «llorar por algo» si ella ya tenía una razón para llorar, ¡solo que su madre no la entendía! Aprendió que llorar era algo malo y hasta peligroso porque su madre era bruta con ella por mostrarse vulnerable, y que eso solo le traía problemas. Cuando lo hacía, en lugar de sentirse mejor se sentía mucho peor, así que aprendió a callarse y a no mostrar, a esconder sus emociones y a desarrollar un «yo escondido» que contenía la creencia de «no me puedo mostrar porque cuando lo hice me lastimaron».

Cuando se hizo adulta y su madre —a la que tuvo que cuidar durante una larga enfermedad— falleció, no pudo llorar su muerte. Apareció un gran conflicto interno lleno de culpa por no poder elaborar el duelo de una manera natural. No era consciente de que su interior había aprendido tan bien la lección: «No puedes llorar porque es peligroso». Aprendió lo que su madre le había enseñado y ahora se daba la disyuntiva de que tenía que llorar justo por la persona que le había dañado por hacerlo.

El conflicto emocional se manifestó físicamente en forma de una inmovilidad en el cuello que le impedía moverlo y le causaba un dolor paralizante. Sin una causa física aparente, el cuadro clínico se diagnosticó como «psicógeno», es decir, de origen psicológico y emocional. Al iniciar el tratamiento, uno de los síntomas que describía era una sensación física que precedía al dolor: sentía como si su cabeza estuviera llena de agua, una presión que solo disminuía cuando se concentraba y relajaba. En esos momentos, experimentaba una sensación de llorar internamente, lo que aliviaba su dolor.

De forma gradual, comprendió que solo podía llorar por dentro debido a que se le había arrebatado el derecho a sentir y expresarse libremente, y también que había aprendido a impedir su propia regulación emocional. Para ayudarla a entender por qué, a pesar de querer llorar, no podía hacerlo y su cuerpo estaba bloqueado y en conflicto, primero tuvimos que interpretar su dolor de cuello y la curiosa sensación de agua en la cabeza, que solo se aliviaba llorando por dentro.

Exploramos dónde había aprendido a llorar internamente en lugar de externamente. Una vez que comprendió lo que había guardado durante tantos años y el daño que le había causado, pudo enfrentar un reto mayor: aprender a dejar salir las lágrimas externamente, sin juicios ni miedo, y sintiéndose capaz de hacerlo sin temor a repercusiones.

Los recuerdos dolorosos que emergían eran archivos históricos de su vida, que seguía sintiendo como presentes pero que ya no estaban aquí y ahora, sino que pertenecían al pasado. A pesar del tiempo transcurrido, una parte de ella seguía en alerta, temiendo que algo malo podría pasar si se mostraba vulnerable. Algo dentro de ella había grabado a fuego la idea de que «llorar es peligroso».

Las emociones pueden permanecer en silencio, días, meses e incluso años, sin mostrarse ni manifestarse, hasta que tarde o temprano encuentran su propia ruta para salir. Pueden expresarse de manera adaptativa, mediante las lágrimas que liberan emociones como la frustración, la pena, la rabia y la culpa. O en su forma menos adaptativa, a través de la enfermedad en sus diferentes presentaciones y síntomas. Este proceso que parece tan sencillo no siempre lo es. Como en el caso de Noe, hay personas que no pueden o no saben llorar.

Además, las emociones representan un papel crucial en la formación y la intensidad de nuestros recuerdos. Los eventos cargados emocionalmente, sean positivos o negativos, tienden a grabarse más firmemente en nuestra memoria. Esto se debe a que la emoción asociada con el evento aumenta la saliencia y la importancia del recuerdo. Por ejemplo, es más probable que recordemos con detalle eventos significativos de nuestra vida, como el nacimiento de un hijo o el día de la graduación, debido a la intensa carga emocional que estos eventos conllevan. También sucedió así en el caso de Noe, que recordaba las bofetadas de su madre cada vez que lloraba.

Expresarnos libremente es uno de los derechos que no deberían ser arrebatados. Todos los niños se merecen poder sentir sin que se les juzgue o reproche. Cuando somos validados en nuestras emociones nos regalan ser nosotros mismos. Nos dan la libertad para ser y sentirnos. Para aprender a regularnos, entendernos y comprender el mundo que nos rodea. Cuando no aprendemos a sentirnos, aparece la compensación. Buscamos estrategias que ayuden a evitar aquello que puede parecer extraño internamente porque no se reconoce. A partir de ahí se multiplican las defensas para evitar conectar con las emociones, aquello que se siente pero que puede asustar por no saber gestionarlo o que es intenso y puede abrumar. Las personas llegan a tomar distancia del cuerpo para no entrar en contacto con todo lo que ocurre en él, en un intento de escapar de toda la experiencia interna emocional que se acaba volviendo inaccesible.

La infancia como etapa clave en el desarrollo emocional

La vida es el comienzo; aprender a vivirla es lo que le da sentido. Tanto dentro, en nuestro interior, como fuera, en el exterior. Aprendemos a sentir y a sentirnos a través de nuestras figuras de apego, aquellas personas que nos cuidan en nuestra infancia y con las que aprendemos a relacionarnos. Pueden ser nuestra madre, nuestro padre, nuestros abuelos, otros miembros de la familia o cuidadores. Más adelante profundizaremos sobre el apego, pero para poder comprender cómo funcionan las emociones se hace importante introducirlo aquí. Cuando las figuras de apego validan nuestras emociones, es decir, aprueban cómo nos sentimos en diferentes situaciones, es cuando la experiencia emocional se siente propia, válida y se aprende a confirmar que lo que sentimos es nuestro y es verdadero. Un ejemplo que muestra esto es cuando un niño llega a casa del colegio llorando porque lo han llamado tonto y le duele que lo hayan tratado tan mal. La madre lo reconforta y le hace saber que no es justo que le hayan dicho algo tan feo y que es natural que se sienta mal cuando le hablan de esa manera porque no se lo merece. Le dice que está bien tal y como es y lo abraza con cariño. Este niño se sentirá validado, querido y reforzado en sus emociones. Al crecer con figuras de apego que lo validan en sus emociones se convertirá en un adulto emocionalmente saludable. Reconocerá sus emociones como válidas y sabrá reconocer las de los demás, y entenderá las funciones mentales de los otros, de la misma forma que a él lo han entendido.

Sin embargo, ¿qué ocurre cuando las figuras de apego no validan las emociones, las ignoran o las niegan, las minimizan o, directamente, las rechazan? Que el niño hará lo mismo consigo mismo. Imaginémonos al mismo niño que llega a casa llorando porque lo han llamado tonto en el colegio. En esta ocasión la madre es diferente, no sabe validar. Cuando en medio de las lágrimas este niño le cuenta que lo han insultado en el colegio, la madre da una respuesta muy distinta desde su propia falta de conexión emocional: no valida, por el contrario, le responde que es normal que lo hayan llamado tonto en el colegio si llora por algo así. Ante esta respuesta, es probable que el niño se muestre confuso y reaccione de diferentes maneras: más triste, avergonzado, o con miedo a que su madre se enfade o lo deje de querer.

En la infancia se busca cariño y aceptación. Muchas de las dificultades que se tienen de adulto provienen precisamente de las carencias a esos niveles, de no haberse sentido querido y aceptado. El niño incomprendido se convertirá en un adulto que inhibirá o reprimirá sus emociones o se enfadará en lugar de ponerse triste porque quizá en su familia sí esté permitido el enfado, pero no la tristeza. La experiencia emocional de esta persona será de ausencia de regulación con reacciones en lugar de respuestas o hipercontrolando, haciendo que se inhiban o repriman las emociones para evitar sentirse expuesto y vulnerable.

Cuando en la infancia hay aspectos que se sienten no aceptados o rechazados, estos se ocultan en la sombra, donde no se ven para evitar sentirse expuesto y rechazado. Son aspectos genuinos que quedan sin desarrollar y de los que la persona no es consciente. Son aquellos que se muestran en la proyección que se pone tiempo después en los demás. Cuando hay características en otras personas que molestan en exceso o se rechazan, estas pueden hablar de esos aspectos en la propia sombra que no se muestran pero que se mantienen en el tiempo rechazándolos en los demás como fueron rechazados en la propia persona.

A medida que vamos estructurando y entendiendo cómo aprendemos a sentir, empieza el viaje que nos lleva de la cabeza al cuerpo.

El cuerpo es el testigo silencioso de todas nuestras vivencias, el que más sufre lo que nos dicen, lo que nos hacen, lo que nos rechazan, lo que nos humillan, lo que nos agreden. Es capaz de tolerar situaciones complicadas, sin mostrarse, remontando. Sin embargo, todo tiene su momento. El cuerpo tiene su tiempo y sus etapas, y cuando todo ha pasado y llega la calma es cuando pide ser escuchado, solicita poder soltar todo lo acumulado para llegar al equilibrio para el que está programado y que necesita para mantenerse saludable. Es sencillo en teoría, pero se convierte en complicado en la práctica para esas personas que no saben cómo hacerlo porque, como en el ejemplo del niño, no han aprendido. Para todas estas personas encontrar el equilibrio emocional y soltar y aliviar lo que el cuerpo pide se hace complicado. La energía de las experiencias vividas se va acumulando y el cuerpo sigue buscando la manera de liberarla sin éxito. En estos casos la persona necesita estrategias para conectar con el cuerpo, porque se hace tarea ardua soltar, pero más difícil se hace seguir hacia delante sin saber cómo gestionar lo que no se entiende.

Sin embargo, no es sencillo darle al cuerpo lo que pide cuando no se sabe interpretar sus mensajes y cuando darle lo que necesita consiste en la conexión con el dolor o el malestar. Para evitar conectar con el dolor, la persona busca todo tipo de estrategias y compensaciones, pero al final el cuerpo acaba por sacar todo lo encapsulado en forma de síntomas. Estos pueden incluir ansiedad constante, tensión, represión de sentimientos, ira que desgasta internamente, estrés, aumento de cortisol y tristeza que agotan al sistema inmune.

Vistas las consecuencias negativas que puede acarrear intentar aparcar lo que sentimos, es crucial que atendamos a nuestras emociones y a las respuestas de nuestro cuerpo. Entender y gestionar las emociones reprimidas es un paso clave hacia la sanación, y nos permitirá liberar las tensiones acumuladas en el cuerpo y mejorar nuestra salud mental y física.

El desplazamiento hacia el síntoma

Se conceptualiza como el proceso mediante el cual las representaciones de lo que sentimos y pensamos se exteriorizan como síntomas. En la historia de Noe el desplazamiento se produce cuando siente dolor en el cuello.

Este «desplazamiento» se fundamenta en la inhibición y represión como mecanismo de defensa psicológica: las emociones, pensamientos, deseos o experiencias inaceptables para la persona son excluidos de la conciencia, es decir, son desplazados hacia otro lugar. La persona los bloquea y reprime, sin dejar que se muestren. Este mecanismo de defensa representa un papel crucial en el proceso del desplazamiento del síntoma, ya que inhibe la expresión de lo que se siente y, por ende, contribuye a la formación de síntomas. Lo sentido y reprimido es sustituido por síntomas somáticos.

Sin embargo, es crucial diferenciar que no siempre aquello que se reprime resulta en síntomas, ya que también puede tomar la forma de olvidos, lapsus o sueños, los cuales no son necesariamente patológicos. La diferencia esencial es que el síntoma está conectado con el contenido reprimido, que busca expresarse de otra manera. En otras palabras, el síntoma es una manifestación indirecta de un deseo del que no somos conscientes, de aquello que asusta o se teme «contactar» o «lidiar», y que ha sido inhibido y se mantiene en la sombra.

Paradójicamente, la expresión de aquello que se reprime emerge para hacerse consciente a través del síntoma. Por lo tanto, el síntoma lleva en sí una carga muy significativa, que va mucho más allá de su aparentemente simple manifestación superficial. El síntoma puede ser una pista hacia el conflicto interno no resuelto y materializa la relación entre aquello que se necesita expresar y la tendencia interna a no dejarlo salir.

El síntoma como mensajero

Los síntomas no son solo trastornos o manifestaciones de nuestro malestar psicológico; son también portadores de un significado más profundo, estrechamente relacionado con los conflictos internos de la persona. De este modo, su interpretación revela lo no expresado. Son como mensajes cifrados que tienen su propio código secreto, con su propia contraseña específica. Y, claro está, no siempre es sencillo adivinar contraseñas.

Comprender nuestros síntomas ayuda a evitar que se intensifiquen conflictos internos y entren en dificultad dos «tendencias»: por un lado, nuestro miedo a expresar y su asociado «malestar somático»; por otro, nuestra voluntad de saber del síntoma, de «querer entendernos». Es decir, nuestra tendencia a querer expresar queda bloqueada por la imposibilidad de hacerlo. Hay diferentes razones que pueden llevar a este bloqueo: miedo a hacerlo, vergüenza a contarlo, culpa por no ser lo adecuado, incomprensión al ser expuesto… El riesgo de no expresar las emociones como consecuencia de este bloqueo implica seguir reteniendo la energía no liberada de las emociones que no fueron expresadas, que permanece como una carga, constantemente transformándose para intentar salir. Leer nuestros síntomas somáticos significa entender que hay energía retenida en forma de dolor o malestar como consecuencia de un bloqueo ignorado o «soportado». Hay personas que sienten miedo a las sensaciones y las asocian con algo malo o negativo. Esto está vinculado a no alcanzar a entender lo que viene del cuerpo, aquello genera ansiedad o angustia y se acaba traduciendo en síntomas de enfermedad debido a las propias reacciones de la persona a causa del miedo.

Aprendemos a gestionar las emociones mediante un proceso de aprendizaje procedimental. Este tipo de aprendizaje nos permite automatizar habilidades, comportamientos y estrategias de supervivencia. Es un aprendizaje implícito, es decir, que se adquiere a través de lo no verbal, como gestos, actitudes y posturas, en lugar de palabras. Por ejemplo, si un niño observa que su padre reacciona con preocupación y alarma cada vez que le duele algo, aprenderá que las sensaciones corporales son peligrosas. Sin embargo, si en casa se adquiere la habilidad de entender el cuerpo de manera saludable y se muestra el valor de expresar emociones, ese niño aprenderá a vivir lo que viene del cuerpo como parte natural de sí mismo y se convertirá en un adulto sano.

Cuando la emoción domina el cuerpo

Hay personas que viven la vida en estado de amenaza: codifican la información que perciben a través de la emoción de miedo. Estas personas no entienden lo que les ocurre; solo sienten miedo, preocupación, ansiedad y estrés, sensaciones con las que conviven en muchas situaciones durante su vida. No son capaces de ver que esa sensación de amenaza es el filtro mediante el que interpretan su vida, con poca capacidad de plantearse algo diferente: se han adaptado a vivir de esa manera.

¿Dónde se aprende a vivir la vida a través de la amenaza? Responder esta pregunta nos dará pistas para conocer su origen y entender que lo que ocurre en el presente está originado por otras experiencias de vida que forman parte del pasado; que vivimos como si «el pasado fuese el presente».

Cloe y el miedo

Cloe es una enfermera que enfrentó el COVID en primera línea y vivió momentos de intenso estrés emocional durante la pandemia. Hasta que llegaron los medios suficientes para que pudiera protegerse del virus, estuvo trabajando con muy pocos recursos y bajo mucha presión. Recuerda aquella época con un impacto emocional intenso, incluso hay partes de esas vivencias que no recuerda con claridad debido al estrés que sufría. Describe cómo en ocasiones se sentía fuera del cuerpo y en otros como si estuviese viviendo una película. Estos síntomas pertenecen a algo que se denomina *despersonalización* y *desrealización*, mecanismos de defensa ante el estrés abrumador. Cloe vivió aquellos momentos con auténtico pánico y horror: «Iba en el metro y podía respirar el miedo a través de la mascarilla, era como si estuviésemos en una guerra mundial».

Durante este periodo, le sobreviene un problema dental leve, que le podría haber ocurrido en cualquier otro momento: le empieza a doler una muela debido a una caries. Sin embargo, algo que es sencillo se acaba convirtiendo en un calvario. El dentista tardó mucho en poder atenderla a causa de las circunstancias, y sentía tanto dolor y desesperación que temía por su vida. Dada la complejidad de la situación que estaba viviendo, desarrolló síntomas depresivos y empezó a tomar medicación psiquiátrica. Cuando el problema de la muela se solucionó, algo quedó almacenado a nivel somático que se despertó en forma de una neuralgia del trigémino, una afección muy dolorosa que afecta al nervio facial (el nervio más grande de la cabeza y encargado de transmitir sensaciones desde la cara hacia el cerebro). Cloe sentía unos ataques intensos de dolor que describía como completamente insoportables y que aparecían de manera súbita sin dar señales, lo que le hacía sentir muy indefensa y asustada. Esos ataques estaban asociados a hablar, comer, cepillarse los dientes e incluso a agacharse o tocarse la cara.

La falta de comprensión y apoyo de sus colegas, quienes dudaban de su sufrimiento, empeoró su situación. Tuvo una gran desregulación a nivel emocional, ya que no entendía lo que estaba pasando dentro de ella y al mismo tiempo sus compañeros pensaban que se lo estaba inventando para ausentarse del trabajo. Esta falta de confianza fue «la gota que colmó el vaso», y la llevó a pedir la baja laboral porque el dolor que sentía hacía insostenible que pudiera trabajar.

A través de consultas con neurología, psiquiatría y fisioterapia, logró aliviar los síntomas físicos del dolor. Sin embargo, fue en la psicoterapia donde empezó a entender y procesar emocionalmente lo que había vivido. Se identificó el momento crucial en el que comenzó su padecimiento: el trastorno de estrés postraumático derivado de las experiencias vividas durante la pandemia. Empezó a hablar de las personas que veía morir, del miedo al contagio por la falta de medios, del poco apoyo en los compañeros cuando expresaba cómo se sentía y de la desconfianza y la acusación cuando enfermó. Poco a poco, fue procesando todos aquellos recuerdos que el cerebro no había podido convertir en experiencias adaptativas porque la abrumaban. Con la ayuda de la psicoterapia, integró estas vivencias en recuerdos que formarían parte de su experiencia de vida. Una vez procesados los recuerdos y con todo el tratamiento médico y de fisioterapia, el dolor se fue mitigando hasta que desapareció.

El mapa de las emociones

El testimonio de Cloe es un claro ejemplo de que las emociones ajustan no solo nuestra salud mental, sino también nuestros estados corporales. Un estudio de la Universidad de Aalto liderado por Lauri Nummenmaa demuestra que cada emoción despierta reacciones en determinadas zonas del cuerpo, observando patrones similares en personas de diferentes culturas. Las emociones coordinan nuestro comportamiento y estados fisiológicos durante eventos significativos, tanto en situaciones de supervivencia como placenteras. Aunque somos conscientes de nuestro estado emocional, como la ira o la felicidad, los mecanismos que originan estas sensaciones subjetivas aún no se comprenden completamente.

El mapa corporal muestra cómo, dependiendo del tipo de emoción que sentimos, podemos percibir sensaciones en diferentes partes del cuerpo. Por ejemplo, el nudo en el estómago cuando estamos preocupados, el dolor en la garganta al sentir tristeza o dolor en el pecho cuando estamos angustiados. El cuerpo transforma las emociones en sensaciones a través de neurotransmisores, enviando mensajes que necesitamos interpretar para comprender y resolver nuestras experiencias emocionales.

Según el estudio de Nummenmaa, la mayoría de las emociones básicas (enfado, miedo, tristeza, sorpresa) y aquellas más complejas (disgusto, ansiedad, vergüenza y envidia) se localizan en la cabeza y en la parte superior del cuerpo, cerca de los órganos vitales. El mapa de las emociones es universal, aunque la expresión emocional varía por influencia cultural y personalidad.

El lenguaje cotidiano está repleto de metáforas que relacionan emociones con partes del cuerpo, aunque estas expresiones son simbólicas. El órgano más asociado a las emociones es el corazón, utilizado para expresar amor, apoyo y cariño. Las emociones afectan tanto al cuerpo como a la mente, y las emociones no resueltas pueden generar síntomas físicos. Por ejemplo, el enfado, la tristeza y la frustración tras una traición pueden manifestarse físicamente si no se liberan emocionalmente.

Desde la perspectiva de la medicina china, las emociones están directamente relacionadas con órganos específicos. Cuando las emociones no están equilibradas, son capaces de causar síntomas en estos órganos:

- **Corazón:** el disfrute desequilibrado puede llevar a insomnio, palpitaciones, mala memoria.
- **Hígado:** enfado, rabia, frustración, intolerancia y estrés pueden causar cara colorada, sabor amargo en la boca, mareos, problemas menstruales, tendinitis.
- **Vesícula biliar:** amargura, ira, disgusto, crítica y envidia.
- **Intestino delgado:** ansiedad y preocupación.
- **Bazo:** preocupación, exceso de energía mental, cansancio, pérdida de apetito, mala digestión, músculos débiles, labios blanquecinos, menstruaciones excesivas.
- **Pulmón:** tristeza, melancolía y duelo.
- **Riñón:** miedo, que puede manifestarse como infecciones, cólicos, palpitaciones, problemas de sueño, ataques de pánico.

- **Vejiga:** celos, suspicacia, rencor, dolor en la parte baja de la espalda, dolor de rodillas.

Muchas de nuestras emociones también tienen un reflejo inmediato en el aparato digestivo. Uno de los mapas de las emociones está en la ínsula, que integra la información sensitiva y autónoma de las vísceras, modulando aspectos de la sensibilidad, entre los que está el dolor. Por ejemplo, la sensación de estómago como una piedra es recogida por la ínsula.

La desconexión del cuerpo

Como ya he avanzado, es muy habitual la desconexión de nuestro cuerpo. Cuando estamos desconectados perdemos toda la sabiduría que llega de él y con la que no logramos conectar porque ni siquiera sabemos que existe.

Las señales que nos muestran esa falta de conexión con el cuerpo se ven reflejadas en conductas de no cuidado. Por ejemplo, tomar medicación sin control por dolor, sin revisar si puede perjudicar otra parte del cuerpo; comer «cualquier cosa» sin atender la calidad de los alimentos y sus repercusiones; consumir alcohol en exceso o drogas sin considerar el daño corporal; y practicar deporte al límite, ignorando el daño físico. Hacer deporte es sano, pero llevar el cuerpo al límite no lo es. Cualquier actividad que genere distrés corporal no es beneficiosa. Esto no significa que debamos quedarnos quietos; la vida es movimiento, pero siempre respetando el cuerpo.

DESCIFRAR LAS SEÑALES DEL CUERPO

Cuando estamos desconectados del cuerpo no somos conscientes de él ni de sus necesidades. Sin conexión, no pensamos en él y lo hacemos sufrir. No somos conscientes de que el cuerpo tiene una memoria instintiva de lo primitivo. Se adapta por supervivencia, incluso a la ausencia de conexión. No debemos leer esta adaptación como «algo positivo» *per se*, ya que si cuidáramos al cuerpo no haría falta que se adaptase.

Un cuerpo desconectado no responde a los estímulos externos. Lo podemos ver en personas que no se abrigan lo suficiente, aunque haga frío, no porque toleren las bajas temperaturas, sino porque no las sienten. No me refiero a las personas que viven en lugares en los que la adaptación al medio les hace vivir el frío de manera diferente a una persona que vive en climas más cálidos. Me refiero a las personas que dicen no sentir frío, estando desabrigadas en un lugar con bajas temperaturas. Son personas que se sorprenden tiempo después cuando desarrollan infecciones respiratorias, gripes o catarros. Otro ejemplo de desconexión lo muestran las personas que estando lesionadas siguen haciendo ejercicio sin prestar atención al dolor.

Estos comportamientos de desconexión suelen ser inconscientes e implícitos, y se aprenden desde lo que observamos o por imitación. Si crecemos en una familia en la que no se presta atención al cuerpo ni a lo que viene de él, lo habitual es que reproduzcamos lo mismo.

Aprendemos la desconexión para protegernos del sufrimiento y la amenaza. Una persona que sufre emocionalmente de manera continua sobrevive separándose del cuerpo, evitando sentir y tomando una distancia de seguridad de él. Lo mismo ocurre con el dolor físico constante; las personas desean conscientemente dejar de sentir el cuerpo por la amenaza siempre presente que perciben. Se activa el miedo a lo que se siente en el cuerpo y al final este se convierte en el enemigo, lo que conduce a luchar contra él. En este proceso se puede llegar a un grado de pérdida de perspectiva tan alto que hay quien incluso no siente el cuerpo como propio, sino como ajeno, algo que les tocó en suerte y que los daña como si viviesen con alguien que tiene la intención de lastimar. Una paciente, Anna, una vez me llamó y me dijo: «No puedo ir hoy a verte, mi cuerpo se cayó y se puso a temblar. Tuve que estar durante un tiempo tranquilizándolo y ahora se me ha hecho tarde».

La desconexión del cuerpo puede surgir por diversas circunstancias, como las descritas anteriormente. Eventos de vida significativos, especialmente traumas, pueden facilitar esta desconexión. El abuso emocional, el abuso de poder y el abuso sexual pueden generar sensaciones de asco y disgusto hacia el propio cuerpo, dificultando conectar con él y fomentando conductas inconscientes de maltrato corporal. En estos casos, la persona puede llegar a ver su cuerpo como culpable de lo vivido, convirtiéndose en una «víctima de él». Esta visión distorsionada hace que la persona sea poco consciente de cómo revictimiza su cuerpo yendo contra él, ya que lo percibe como el que agrede. Conectar con el cuerpo implicaría revivir las sensaciones del abuso, por eso se alejan de él. Trastornos psicopatológicos como la anorexia muestran el ejemplo que refleja esta desconexión que primero se da en el cuerpo, se acaba extendiendo a la persona y más tarde a la vida en general.

Conectar el lugar interno de control

Sin conexión con el cuerpo, el proceso se lleva a cabo en la cabeza. A través del control la mente aporta la regulación y seguridad necesarias. Quienes se apoyan en la cabeza por desconexión con el cuerpo se acomodan a vivir en el mundo de las ideas y transforman la información somática, la que viene del cuerpo, en pensamientos. Este fenómeno se observa en personas que expresan «no me para la cabeza», haciendo referencia al movimiento de pensamientos constantes. La mente se ocupa de reubicar las emociones cuando sentir no es una opción. Aunque podemos aprender a sobrevivir a través de esta opción, tanto la cabeza como el cuerpo se saturan. La mente, por tener que procesar tantas emociones convertidas en pensamientos, y el cuerpo, por no canalizar toda la energía que necesita. Como resultado, la persona siente sobrecarga, hiperactividad mental, dificultad para dormir, y pueden aparecer dificultades para procesar la información, problemas de memoria y síntomas físicos.

¿Qué lleva a una persona a usar el control mental para regular sus emociones? Existe un concepto llamado *lugar interno de control*, generalmente localizado en el pecho. Este lugar interno refleja la calma y la satisfacción de nuestras necesidades. Aprendemos a activar este lugar cuando nuestros padres o cuidadores validan y reconocen nuestras emociones y acciones durante las diferentes etapas de la vida, especialmente en la infancia y la adolescencia. Cuando estos estados internos son reconocidos, se integran y la persona aprende a identificar y cubrir sus necesidades.

Si este lugar interno de control no está disponible, la persona no es consciente de lo que necesita. ¿Qué hace que una persona pierda el contacto con este lugar interno y lo sustituya por un control mental? No se puede utilizar algo que no se sabe que existe. El lugar interno de control es innato, pero su activación depende de las figuras de apego y los cuidadores primarios. Si ellos, por diversas razones, no han podido activar su propio lugar interno de control debido a sus experiencias o trastornos, la persona tendrá que aprender a «darse cuenta» de esto y trabajar para activarlo.

Por ejemplo, si un padre no valida las emociones de su hijo porque nunca aprendió a hacerlo, ese niño podría crecer sin desarrollar un lugar interno de control. En cambio, podría recurrir al control mental para manejar sus emociones, lo cual es menos efectivo y saludable, y contribuye a perder la salud.

Volver al lugar interno de control y soltar el control mental es esencial para reconectar con uno mismo. Esto implica aprender a identificar nuestras necesidades físicas y emocionales y encontrar formas de satisfacerlas.

Ela y la enfermedad de Crohn

Ela vivió media vida preocupada, anticipándose a las circunstancias para tener «planes B» por si las cosas no salían bien. Tenía problemas de sueño y regulaba las emociones poniendo la cabeza en proyectos diferentes que la mantenían ocupada. Superefectiva en todo lo que se proponía, su vida se vio limitada por algo a lo que no había prestado demasiada atención: sus intestinos hacía tiempo que le jugaban malas pasadas, iba al baño cada vez con más frecuencia, lo que le provocaba situaciones sociales incómodas que cada vez le hacían aumentar más su anticipación. En lugar de plantearse que tal vez esa situación quería decir algo, entró en negación para protegerse. Hasta que un día los síntomas se intensificaron y comenzó el dolor.

Fue diagnosticada de enfermedad de Crohn. No le encontraba el sentido porque no tenía antecedentes familiares, y se derrumbó. Lo que no se había permitido en años surgió con lo que ella sintió como «una presa que abrió la compuerta de lo acumulado en años». Se sintió abrumada a muchos niveles y se deprimió. Comenzó psicoterapia para entender todo aquel nudo emocional del que no se podía «librar». Debía aprender a sentir las emociones sin miedo, aprender a aceptarlas como parte de la vida y aquello le costaba, no había aprendido a hacerlo. Provenía de una familia en la que no se reconocían las emociones propias ni las de los demás. Creció obligada a colocar el lugar interno de control en la cabeza como alternativa de regulación emocional.

El proceso de psicoterapia para Ela fue todo un reto, fue un volver a crecer por dentro, era como demoler lo creado y ver que dentro de esa estructura había algo tierno, vulnerable y superfrágil de lo que nunca había sido consciente. Uno de sus grandes logros fue aprender a llorar, y se sintió asustada de conectar con el dolor que no había sentido en toda su vida. Una vez que conectó, lloró y lloró muchas circunstancias vividas que no era consciente de que le hubieran afectado tanto. Pudimos procesar traumas y experiencias adversas de vida y, poco a poco, se recuperó de la depresión y con ella su enfermedad fue mejorando. Definió todo su proceso como una metamorfosis de vida que le hizo ver un antes y un después del que no se hubiera dado cuenta de otra manera, aunque por supuesto como Ela decía: «No habría necesitado vivir este proceso si mi vida hubiera sido diferente».

Al principio culpó a su familia, pero poco a poco se dio cuenta de que cada persona tiene su mochila, incluidos sus padres, abuelos..., y ahora era ella quien decidía vivir su vida sin preocupación, sin planes B, sin una depresión antigua que arrastraba desde niña y de la que nunca había sido consciente.

Ela aprendió en qué consiste reconocer los sentimientos y darles el significado acertado que tienen para cada uno.

El trabajo con el cuerpo en psicoterapia revela una vida interna que contiene lo conocido, pero también lo desconocido, lo que sorprende, por antiguo, por doloroso, por escondido y por oculto. Surge lo no procesado, guardado en espacios internos frecuentemente encriptados para evitar sufrir. Se trata de espacios de información compuestos de imágenes, emociones, sensaciones, sonidos... que no molestan a nivel consciente, pero sí a uno más inconsciente, ya que son experiencias de vida no integradas que todavía perturban y se filtran en forma de síntomas somáticos.

Tener curiosidad para ver y sentir lo que contiene el cuerpo es sanador; sin embargo, pueden aparecer reticencias para hacerlo. Como psicoterapeuta, mi objetivo es ayudar a que el paciente pierda el miedo que le provoca entrar en todo lo que su cuerpo contiene. Es primordial insistir en que los recursos del presente que la persona ha ido desarrollando a lo largo de los años, aquellos que le han hecho salir adelante, son suficientes para empezar a hacer frente a lo que no se pudo enfrentar en el pasado. Será crucial que sintamos que podemos. Para ello hay una tarea muy sanadora que comienza con una pregunta: «Si la relación que tienes con tu cuerpo fuese la relación que mantienes con algo o alguien, ¿qué o quién sería?».

Esta fue la pregunta que le formulé a Amelia, una de mis pacientes, que sufría síntomas de ansiedad, parálisis en el cuerpo, despersonalización y, según sus propias palabras, «miedo a estar loca y enferma». Para responder a esta pregunta le pedí que lo hiciese escribiendo una carta al cuerpo, lo que nos ayudaría a entenderlo mejor. Esta simple tarea representó todo un descubrimiento, un darse cuenta para ella de lo que le estaba haciendo sufrir tremendamente sin saberlo.

Carta a mi cuerpo

Quizá en otro momento te hubiese escrito negándome a aceptarte, queriéndote demostrar mi rechazo y dejándote claro que nuestra relación es imposible. Reconozco que sentarme a escribirte cosas desagradables, otra vez, no me va a hacer llegar a ningún lugar distinto. Natalia me ha propuesto hacerte una carta y leerla juntas, y me ha parecido una gran oportunidad para poder mirarte de una manera más reflexiva. Si bien es cierto que me incomoda el hecho de estar aquí, dirigiéndome a ti sin ánimo de pelear, también admito que tengo ganas de que nos lleguemos a entender. Sé que merecerá la pena.

Querido cuerpo, o no tan querido:

Sé que te pierdo con facilidad, siempre me ha resultado difícil tenerte en cuenta, siempre he sentido que el espacio que requerías físicamente era demasiado y el espacio de cuidado también lo era. Eso me parecía.

Pienso que no somos lo mismo y me siento agobiada al habitar en ti. Tu existencia me ha agobiado siempre. Me agobiabas porque para mamá significabas enfermedad: todo el día de médico en médico me hizo pensar que estabas mal, que eras un cuerpo mal hecho, que no funcionabas bien. ¿Qué te pasaba? ¿Por qué necesitabas tantos médicos? Me enfadabas mucho y no te quería. Ahora entiendo que no te pasaba nada, que era la angustia y la necesidad de mamá. Ella, además, ha estado enferma siempre: durmiendo porque le dolía mucho la cabeza, o la tripa, o las piernas, o la espalda, o estaba mareada o cansada, siempre había algo...

DESCIFRAR LAS SEÑALES DEL CUERPO

Cuando te enfermabas (de verdad), papá decía: «Cómo se nota que has salido a tu madre, ¡es que eres igual que ella!». Era lo peor que me podía decir. Nunca he querido ser como ella, y tú me hacías serlo. Me doy cuenta de que hice lo imposible para que no te parecieses en nada a ella: mamá pasa mucho tiempo en la cama; yo decidí mentalmente que no me gustaba dormir ni estar en la cama. Mamá nunca madruga, se levanta tardísimo; dormir dos o tres horas y levantarme a las cuatro de la mañana fue mi mejor plan durante mucho tiempo. Mamá duerme al lado derecho de la cama; yo siempre elijo el lado izquierdo de las habitaciones. Mamá siempre está cansada; yo nunca quise descansar ni reconocer mi cansancio. A mamá «le encantan» los médicos; a mí me daba igual que tuvieses fiebre, que necesitaras cuidado. Me molestaba que tuvieses necesidades.

Natalia me enseñó que «nos vemos como nos han dicho que somos, no como somos en realidad», y escribiéndote me doy cuenta de que cuando pienso en ti lo hago con angustia, buscando el fallo y la enfermedad. Como siempre te ha visto mamá, como si fueras igual que ella, como decía papá también. Siempre he pensado que estabas mal, que eras débil y que tenía que hacerte fuerte. Como papá lo es. Y pensé que la manera de conseguirlo era aprender a compensar mi debilidad corporal por lo que consideraba que era la fortaleza mental: no tener necesidades.

Llevo muchos años viviendo sin ti y mi cabeza me dice: «Si has podido sin él, entonces sigue sin él». Sin embargo, eres tú quien me ha hecho vivir. Y me sale agradecértelo. Te he dado muy poco, por no decir nada; aun con ello hoy tengo salud. Me encantaría que supieras que estoy trabajando para que formemos un buen equipo. Todavía no nos sentimos como tal, pero cada vez queda menos para que así sea. Aún te miro con molestia, porque me siento encerrada, como si no fuera mi lugar estar en ti. La diferencia es que ya no solo pienso en mí. Sé que para ti tampoco ha sido fácil ni cómodo sostenerme, simplemente has aguantado y me has ofrecido el tiempo necesario hasta aquí. Hoy, por fin, puedo pedirte perdón, asumiendo que unas disculpas conllevan un cambio y una responsabilidad en este proceso. Asumiendo que necesitas un espacio de cuidado y de descanso, asumiendo tus necesidades.

Ahora que te miro me doy cuenta de toda la información que contienes. Es curioso pensar que me siento contigo de la misma manera que me siento con mamá. Digamos que ahora acepto que tú eres mi cuerpo al igual que reconozco a mamá como mi madre, acepto que no podré cambiarte por otro ajeno, ni tampoco podré cambiar a mamá por otra madre diferente. Ahora estoy haciendo cosas por cuidarte, tomando decisiones diarias como comer casi todos los días, dormir más o jugar al tenis, al igual que estoy tomando decisiones por cuidar la relación con mamá, siendo más amable con ella, abrazándola en algún momento o preguntándole cómo está. Es como si la relación con ambos avanzase de un modo paralelo y simultáneo: a pesar de tener una actitud de reconciliación y de aceptación hacia ambos continúo sintiendo tensión, rechazo y cierta rabia cuando me encuentro con vosotros.

Casi finalizando la carta aprendo que muchas de las respuestas que necesito para avanzar las tienes tú y que sin ti no habría llegado a estas conclusiones. Es así, te necesito para avanzar. Estamos juntos en este proceso. Prometo escribirte pronto de nuevo para contarte avances y novedades.

Avísame si necesitas algo. Ahora puedes contar conmigo.

En consulta, cuando le pregunté a Amelia cómo se había sentido redactando la carta, me dijo: «Cuando acabé de hacer la carta a mi cuerpo tomé conciencia de muchas cosas acerca de mí y mi vida, pero sobre todo me di cuenta de que la carta al cuerpo en realidad es una carta a mi madre. Durante años, me negué a ver muchas cosas que me producían daño, y no quería sentir porque sentir me hacía sufrir demasiado, por lo que no sentir fue la opción perfecta para mí. Primero dejé de sentir las emociones y después el cuerpo en general, me dejé de sentir a MÍ».

Capítulo 3
Desenmascarar el estrés

El cerebro es el órgano clave de la reactividad del estrés, de su afrontamiento y los procesos de recuperación. Dicen las investigaciones más recientes que el 90 % de las enfermedades surgen como respuesta al estrés que vivimos. Sin embargo, debemos diferenciar entre dos tipos de estrés. Por un lado, existe un estrés positivo denominado «eustrés», en el que la persona se esfuerza en afrontar un objetivo, lo que conlleva que el propio organismo se adapte y experimente emociones agradables. Por otro lado, existe el «distrés», lo que comúnmente llamamos estrés y que nos provoca malestar y agobio.

- El **eustrés** aumenta la vitalidad, la salud y la energía. Por eso hay personas muy activas que constantemente están implicadas en proyectos o retos que disfrutan con ilusión. Surge cuando salimos de nuestra zona de confort y exploramos nuevas capacidades a nivel personal y emocional. Este tipo de estrés se relaciona directamente con la dopamina, conocida como la hormona de la felicidad.

- El **distrés** es el estrés negativo, el que lleva a que las personas se sientan estresadas. Está asociado con el cortisol, hormona que se libera en su presencia, y produce un desequilibrio fisiológico y psicológico. Se suele activar por una amenaza, ya sea interna o externa, que implica esfuerzo. Puede provocar sintomatología de ansiedad y estrés y, a largo plazo, consecuencias más importantes.

El distrés, el estrés silencioso

Aunque el estrés es también un recurso en sí mismo, si se activa demasiado a menudo, el cuerpo vive en alerta constante y puede llegar a ser peligroso, deja de ser un recurso para convertirse en un problema. A corto plazo, el estrés es útil porque nos hace más rápidos y eficaces en situaciones que requieren atención y toma de decisiones. Sin embargo, si el estrés persiste a largo plazo, se convierte en distrés, conduce a la desregulación y provoca desgaste tanto en el cuerpo como el cerebro, llevando a condiciones crónicas que afectan la salud y dificultan la recuperación.

El distrés activa un mecanismo conocido como el síndrome general de adaptación, que involucra una serie de respuestas biológicas y fisiológicas diseñadas para preparar al individuo para la adaptación, la defensa o el ataque en situaciones de amenaza. Este síndrome se desencadena en ambientes hostiles donde está implicada la supervivencia.

Para entender esto, pensemos en el hombre primitivo: cuando se sentía amenazado por un animal salvaje, tenía que correr para sobrevivir. Sin embargo, ¿cuánto tiempo podía mantenerse en esa situación? El estrés moderno funciona de manera similar a esa amenaza constante, pero a menudo persiste no solo durante minutos u horas, sino durante años o incluso la mayor parte de la vida. ¿Cómo se sentiría un cuerpo que ha estado corriendo delante de un león durante años?

El distrés puede manifestarse de diversas maneras, pero una de las peores es el estrés silencioso, aquel que no se ve ni se siente conscientemente. Quienes lo padecen se acostumbran a vivir en un estado constante de estrés y no lo perciben como dañino. A menudo, es tal el nivel de adaptación que cuando el estrés disminuye sienten agobio y síntomas físicos. ¿Cuántas personas se enferman durante las vacaciones, a pesar de esperarlas con entusiasmo, y atribuyen sus síntomas a la mala suerte, sin asociarlos al estrés y al descanso necesario que su cuerpo, desde su sabiduría, les está pidiendo?

Para ilustrar mejor los efectos del estrés, que serán positivos o negativos dependiendo del tiempo de exposición, veamos cómo actúan las hormonas implicadas, que el cuerpo segrega de manera natural:

- **Cortisol.** Se segrega en las glándulas suprarrenales para responder a situaciones de peligro. Cuando el estrés se extiende en el tiempo, los niveles altos de cortisol provocan irritabilidad, fatiga, palpitaciones, hipertensión y dolores musculares. Los aumentos de cortisol también suprimen el sistema inmune.
- **Adrenalina.** Se produce en las glándulas suprarrenales y aumenta el ritmo cardiaco y la presión arterial. Potencia nuestros recursos físicos para que podamos alcanzar un objetivo. Pero, cuando la adrenalina se mantiene elevada debido al estrés pro-

longado, produce taquicardias, mareos, malas digestiones y dolores de cabeza.
- **Prolactina.** Se segrega en la glándula pituitaria. Se relaciona con ciertos procesos de la reproducción como la lactancia. Sin embargo, cuando sus niveles suben por el estrés, puede producir alteraciones en la menstruación o falta de ovulación.

El estrés y los perfiles de personalidad en psicosomática

Nacemos con un temperamento determinado que viene escrito en nuestros genes. A partir de ahí, se va desarrollando nuestro carácter; primero, en la familia y, tiempo después, en lo social. El temperamento trae escrita la plantilla de cómo somos en esencia, pero todos los demás factores determinarán nuestra sensibilidad, las defensas que surgirán si nos sentimos en peligro, la reactividad, la calma, la necesidad de movernos o de estar más quietos… y también nuestra actitud con relación al estrés.

Algunos rasgos de personalidad nos predisponen a desarrollar síntomas físicos en respuesta a factores emocionales y psicológicos. En la psicosomática, se identifican cuatro tipos de perfiles de personalidad: A, B, C y D. Estos perfiles fueron definidos por primera vez por los cardiólogos Meyer Friedman y Ray Rosenman mientras investigaban las causas de las enfermedades cardiovasculares en la década de 1950. Más adelante, la caracterización de los perfiles se amplió de manera significativa gracias a nuevos estudios e investigaciones.

Estos tipos de personalidad describen patrones de comportamiento que pueden influir en la salud y en la forma en la que gestionamos el estrés, y son muy útiles para identificar patrones de comportamiento que pueden influir en el desarrollo de enfermedades psicosomáticas. Conocerlos nos ayuda a identificar rasgos que nos pueden predisponer a la enfermedad y a desarrollar estrategias para prevenir y tratar las patologías psicosomáticas. Veamos una descripción de cada uno:

Personalidad tipo A

La personalidad tipo A fue descrita por los cardiólogos Meyer Friedman y Ray Rosenman en la década de 1950. En aquella época, muchos cardiólogos contemporáneos se mostraban escépticos y reticentes a aceptar sus hallazgos, ya que implicaban la necesidad de escuchar más a los pacientes y considerar factores psicológicos en el tratamiento. No fue hasta 1980, con una acumulación significativa de datos, que el patrón de personalidad tipo A se consolidó en la literatura médica.

¿Cómo descubrieron Friedman y Rosenman el patrón tipo A? En la consulta de cardiología que compartían en San Francisco todo iba estupendo, pero había un pequeño problema con las sillas de la sala de espera. Se gastaban con facilidad y cada mes tenían que contratar los servicios de un tapicero para que arreglase una o dos de las sillas. Hubo un mes en que el tapicero que venía habitualmente se marchó de vacaciones y en su lugar vino uno nuevo. Cuando vio las sillas le preguntó a Friedman: «¿Qué les pasa a tus pacientes? Nadie gasta las sillas de esa manera». Ahí descubrieron la personalidad tipo A.

Las personas con personalidad tipo A tienen una fuerte sensación de urgencia, no suelen tener paciencia y tienden a ser hostiles. Buscan constantemente el logro y el éxito, y a menudo se sienten presionadas por el tiempo, lo que puede llevarlos a tomar decisiones impulsivas y estresantes. Este patrón de comportamiento está asociado con un mayor riesgo de enfermedades cardiovasculares debido a los altos niveles de estrés que mantienen.

Habitualmente son personas irascibles, hostiles, tensas, irritables y la situación más nimia puede provocarles una agresividad exagerada. Pueden llegar a desvirtuar el éxito de los demás, quitarle valor al trabajo de otros, desacreditar sus ideas o negarles atención o ayuda. También pueden ser personas problemáticas, dominantes, autoritarias, con tendencia a ocultar sus propias deficiencias y a culpar o descalificar a los demás. En este sentido, diferentes investigaciones encuentran la relación entre la ira, la personalidad tipo A y las enfermedades coronarias.

Este tipo de personalidades suelen ser muy competitivas. El trabajo es fundamental en su vida, y en él se muestran responsables, perfeccionistas y comprometidos, y son capaces de trabajar largas horas sin descanso. En el trabajo, centran su motivación en el logro. Les cuesta delegar responsabilidades o tareas en otras personas, ya que su ideal es hacerlo todo solos y sin la ayuda de nadie. Se centran más en el rendimiento y los resultados finales que en el placer de la actividad mientras se realiza. En contraste, fuera del trabajo pueden ser personas más desorganizadas e incluso descuidadas.

Algo característico de este tipo de personalidad es que es autoestresora, es decir, quienes entran en este patrón se estresan a ellos mismos. Tienen dificultad para conocer y expresar sus emociones y sentimientos y pensamientos rígidos y concretos, con ausencia de fantasías. Perciben los factores estresantes como acciones en su contra y no como oportunidades para un cambio. Son propensos a la hipertensión y a la enfermedad cardiaca, y hay estudios que relacionan enfermedades cardiacas, trastornos depresivos, el estrés y la personalidad tipo A.

Personalidad tipo B

Las personas con personalidad tipo B son relajadas, tranquilas y disfrutan del momento presente sin presiones. Aceptan la vida como es y dejan que las cosas sigan su curso. Se sienten a gusto consigo mismas y no tienen necesidad de competir o ser superiores a los demás. Suelen ser empáticas, asertivas y seguras de sí mismas, por lo que tienen una mejor salud mental y física. Son personas agradables, de temperamento templado, hacen sentir bien a los demás y proyectan calma.

Este tipo de personalidad actúa como un factor protector contra el estrés y los trastornos de ansiedad, promoviendo una vida más equilibrada y menos propensa a enfermedades relacionadas con el estrés.

A pesar de que las personas con este perfil suelen sufrir menos estrés por sus características de personalidad, pueden mostrar dificultades cuando tienen que afrontarlo. Dada su tendencia a la relajación y su necesidad de disfrutar el momento sin presión, tal vez posterguen actividades o responsabilidades debido a su necesidad de ir con calma. Cuando se enfrentan a situaciones o viven en ambientes en los que no hay calma ni armonía tienden a somatizar a través del sistema gastrointestinal, migrañas e infecciones debido a la bajada de defensas.

Personalidad tipo C

Las personas con personalidad tipo C tienden a ser inhibidas a nivel emocional, les cuesta expresar sus sentimientos y a menudo los reprimen. Son perfeccionistas y suelen complacer a los demás por encima de sus propias necesidades, llegando a suprimirlas, lo que incluye la expresión de hostilidad y todo lo que pueda hacerles entrar en conflicto con los demás. Tienden a la sumisión y viven mucho hacia fuera pendientes de agradar y caer bien a los demás. Necesitan aprobación social, no saben decir que no y les cuesta poner límites.

Suelen ser conscientes de que guardan la rabia, pero no pueden evitarlo. Por ello la ignoran sin lograr procesarla correctamente ni resolver la causa que la originó. Este continuo bloqueo emocional llega a tener consecuencias negativas para su salud, ya que acaban desarrollando una tendencia a la depresión como consecuencia de la energía emocional acumulada y no expresada adecuadamente.

Las personas con esta personalidad pueden reaccionar con desamparo, impotencia y altos niveles de ansiedad ante los acontecimientos estresantes. No se suelen gustar a sí mismas y quisieran conseguir cosas que no tienen, pero sienten falta de confianza para hacerlo.

Las enfermedades que se asocian a este perfil son la artritis reumatoide, la fibromialgia, el reuma, las infecciones, la alergia, las afecciones cutáneas, el asma y los procesos inflamatorios.

Personalidad tipo D

La personalidad tipo D se caracteriza por una afectividad negativa, inhibición social y tendencia al aislamiento. Quienes entran en este patrón suelen experimentar emociones negativas persistentemente y tienden a evitar interacciones sociales y a distanciarse de los demás. Por fuera, parecen tranquilos, pero por dentro son sensibles y preocupadizos. En presencia de otros pueden mostrar tensión e inseguridad, y tener poca asertividad y escasas habilidades sociales.

En un estudio se identificó la fuerte relación entre el estrés subjetivo (el que percibimos como tal) y la personalidad tipo D. Se identificó a las personas con este patrón como extremadamente estresadas, deprimidas y con una actitud de rechazo hacia la vida, que pudo identificarse porque presentaban estrés cardiaco y un fuerte sesgo atencional. Entendemos por sesgo atencional la focalización y selección de una información y no de otra, lo que limita nuestra capacidad para considerar alternativas cuando estamos absortos en nuestros pensamientos. Por ejemplo, existe un sesgo atencional cuando vamos a un acto al que asiste mucha gente y sentimos ansiedad social: nos enfocamos en aquellas personas que parece que nos están mirando mientras ignoramos a otros asistentes o lo que ocurre a nuestro alrededor.

Este tipo de perfil está asociado con un mayor riesgo de enfermedades coronarias, síntomas depresivos y úlcera péptica debido al distrés y falta de apoyo social que suelen experimentar. Diferentes estudios muestran que en una población de personas hipertensas el 53 % resultó coincidir con el perfil tipo D y entre un 24 % y un 45 % de las personas que sufrían arritmias presentaban también características de este perfil.

Entender los tipos de personalidad A, B, C y D nos ayuda a identificar patrones de comportamiento y características de nuestra personalidad para trabajar en ellas y así aprender a lidiar mejor con el estrés, para invertir en nuestra salud y en un mayor bienestar. Es interesante que nos conozcamos y seamos capaces de ver aquellos comportamientos y actitudes que pueden predisponernos a padecer enfermedades psicosomáticas, aprendiendo que podemos cambiar y que al mejorar sabremos cómo prevenirlas.

Capítulo 4
Cuando la medicina no explica los síntomas

Describir las enfermedades psicosomáticas fuera de la parte psicológica y emocional es quedarnos en la descripción fisiológica o en la manifestación de sus efectos, es decir, en el modo en el que nos comportamos o reaccionamos debido a la presión de la enfermedad, negando o cubriendo el mensaje que nos envía el cuerpo. Si vamos más allá, podremos profundizar en la comprensión de estas enfermedades y las causas que precipitan y predisponen su desarrollo.

Causas de las enfermedades psicosomáticas

Hemos visto cómo en la enfermedad psicosomática los factores psicológicos influyen significativamente en la manifestación física de síntomas y enfermedades, lo cual se ve intensificado por el estrés. Las enfermedades cardiovasculares, el síndrome de intestino irritable o el estómago nervioso son solo algunas de las manifestaciones. Repasemos las principales causas y factores asociados con las enfermedades psicosomáticas:

- **Estrés.** El estrés crónico es uno de los principales factores que contribuyen al desarrollo de estas enfermedades. Situaciones estresantes prolongadas en el tiempo pueden desencadenar síntomas físicos como dolores de cabeza, problemas gastrointestinales, dolor muscular e inflamación.
- **Ansiedad y depresión.** Los trastornos de ansiedad y la depresión son comunes en personas con enfermedades psicosomáticas. Estos trastornos pueden manifestarse físicamente en forma de dolor crónico, fatiga, problemas intestinales y cansancio.
- **Factores psicológicos.** Rasgos de personalidad como los de tendencia histriónica, obsesiva, evitativa y la tendencia a la preocupación excesiva, la hipocondría y la dificultad para expresar y regular emociones pueden aumentar el riesgo de desarrollar síntomas psicosomáticos.
- **Eventos traumáticos.** Experiencias traumáticas, especialmente en la infancia, pueden tener efectos a largo plazo en la salud física y emocional de una persona. El trauma no resuelto puede manifestarse físicamente.
- **Ambiente familiar y social.** Un entorno familiar o social disfuncional puede contribuir a la aparición de enfermedades psicosomáticas. La falta de apoyo social y emocional puede intensificar el impacto de factores de estrés.
- **Enfermedades previas.** La presencia de enfermedades crónicas o severas puede aumentar la vulnerabilidad a desarrollar sínto-

mas psicosomáticos, especialmente si hay un componente emocional asociado a la enfermedad.
- **Cultura y creencias.** Las creencias culturales y personales sobre la salud y la enfermedad pueden influir en cómo se perciben y se manifiestan los síntomas. Algunas culturas tienen una mayor tendencia a expresar problemas emocionales a través de síntomas físicos. Además, existen familias que se comunican a través de la enfermedad. Por ejemplo, hay personas que se levantan por la mañana hablando de las molestias que sufren en el cuerpo en lugar de decir «buenos días»
- **Mecanismos biológicos.** La interacción entre el cerebro, el sistema nervioso autónomo y el sistema endocrino representa un papel crucial en la manifestación de síntomas psicosomáticos. El estrés y la ansiedad pueden afectar estos sistemas, causando síntomas físicos.

Haremos distinción entre varias categorías de enfermedades que completan la lista de las que ya hemos nombrado anteriormente. Identificaremos cómo desde lo biológico se da sentido al origen de la relación entre las experiencias de vida, los traumas y los síntomas de las enfermedades que se manifiestan.

Comencemos por diferenciar las enfermedades psicosomáticas, somatopsíquicas, psicocutáneas y autoinmunes.

Tipos de enfermedades psicosomáticas y del sistema inmune

Se habla de enfermedades psicosomáticas tanto cuando las causas psicológicas derivan en enfermedades físicas como cuando las patologías físicas se agudizan como consecuencia de causas psicológicas. Cuando hablamos de «psicosomático» nos referimos a que lo psíquico determina lo somático, mientras que cuando hablamos de «somatopsíquico» nos referimos a que las alteraciones psicológicas son secundarias a una enfermedad física.

Aunque existen diferentes clasificaciones de las enfermedades psicosomáticas, a continuación, me voy a centrar en describir sus características más importantes para que así sea más fácil diferenciarlas.

- El **trastorno psicosomático** está relacionado con el sistema nervioso vegetativo o visceral, que es el encargado de las funciones involuntarias. Cuando se habla de «psicosomática» nos referimos a una lesión en el órgano debido a causas psicológicas y/o emocionales, aunque a veces también se usa este término cuando hay un mal funcionamiento del órgano debido a causas psicológicas, pese a que no exista lesión.
- El **trastorno somatomorfo o conversivo** está relacionado con el sistema nervioso somático o sistema nervioso periférico encargado de conducir la información de los nervios al sistema musculoesquelético. Aquí la alteración es funcional, no habrá lesión en las áreas afectadas. Por ejemplo, la neuralgia facial o el trastorno neurológico funcional.

- Las **enfermedades psicocutáneas**, o **dermatología psicosomática**, impactan en la interacción entre el cerebro y la piel, que se origina en la misma capa germinal (un conjunto de células formadas durante el desarrollo embrionario a partir de las cuales se desarrollan los órganos y los tejidos), lo que explicaría estas relaciones simultaneas entre la piel y los factores emocionales, así como la forma que tienen de comunicarse el cerebro y la piel a través de neurotransmisores y hormonas.
- Las **enfermedades somatopsíquicas** no están definidas en un sistema diagnóstico formal (no es psicosomático). A diferencia de los trastornos psicosomáticos, estos son trastornos psicológicos que provienen de una causa médica. Por ejemplo, el hipotiroidismo que provoca depresión y ansiedad.
- En cuanto a las **enfermedades autoinmunes**, si bien no son consideradas psicosomáticas, cuentan con el antecedente de una fuerte carga emocional. Son afecciones en las que el sistema inmunológico tiene una respuesta anómala y ataca por error partes sanas y funcionales del cuerpo como si fueran organismos extraños. Engloban tanto las enfermedades sistémicas (lupus eritematoso sistémico, artritis reumatoide, esclerodermia, etcétera) como las enfermedades de órganos específicos (tiroiditis de Hashimoto, hepatitis autoinmune, etcétera). Se puede diferenciar entre:

    –**Enfermedades autoinflamatorias**: afecciones causadas por un mal funcionamiento del sistema inmunológico innato, el encargado de reclutar células inmunitarias e identificar bacterias y sustancias extrañas, entre otras funciones. Son enfermedades caracterizadas por episodios febriles e inflamatorios recurrentes de inicio en la infancia y que no están desencadenadas por procesos infecciosos o enfermedades autoinmunes. Entre otras estarían la fiebre mediterránea familiar y el síndrome de hiperinmunoglobulinemia D.

–**Enfermedades autoinmunes**: afecciones causadas por un mal funcionamiento del sistema inmunológico adaptativo, encargado de eliminar patógenos y prevenir su crecimiento. Los síntomas de las enfermedades autoinmunes pueden variar enormemente dependiendo del órgano o tejido afectado, y la intensidad de los síntomas suele ir de suave a severo. Algunos signos comunes incluyen fatiga, febrícula o fiebre baja, dolor articular, problemas de piel y malestar general, entre otros. Algunas de las autoinmunes más comunes son la celiaquía, la diabetes tipo 1, la enfermedad de Graves (la causa más común de hipertiroidismo), la enfermedad de Crohn, la colitis ulcerosa y la esclerosis múltiple.

El trastorno somatomorfo o conversivo

Dentro de las enfermedades somatomorfas se incluye el trastorno neurológico funcional (TNF) o «trastorno conversivo». Este trastorno muestra síntomas neurológicos como ceguera, visión doble, debilidad, parálisis, desequilibrio, dificultad para tragar, tics nerviosos, espasmos musculares, convulsiones, piel adormecida y pérdida de memoria. Sin embargo, dichos síntomas no se pueden atribuir a ninguna enfermedad neurológica u a otra afección médica. Para comprender mejor el TNF es crucial que entendamos el ciclo del dolor y la protección del esqueleto muscular.

El dolor es una señal de alarma que impulsa respuestas cognitivas, emocionales y conductuales. La primera respuesta del cuerpo al dolor es la protección muscular, que consiste en contraer y tensionar los músculos alrededor de la zona de donde proviene el dolor que sentimos. Es la forma en la que el cuerpo se protege.

Sin embargo, ¿qué ocurre cuando aparece dolor sin que haya una lesión? Como hemos visto, el dolor emocional se puede transformar en físico si no manejamos bien nuestras emociones, causando que el cerebro desplace el síntoma desde lo emocional a lo físico. Por lo tanto, podemos sentir dolor debido a la tensión o al estrés crónico, que provocan inflamación. Cuando esto ocurre, los nervios que señalan el dolor indican una lesión, aunque no exista. En respuesta, se activa la protección muscular, es decir, se contraen involuntariamente los músculos para intentar limitar el movimiento de la zona afectada con tal de evitar más daño. El cuerpo percibe que está bajo amenaza, aunque no sea real, y reacciona de esta manera.

Cuando estamos en un estado de alerta constante, el cuerpo puede mantenerse en un exceso de protección, lo que podría provocar un dolor intenso, conocido como dolor «nociplástico». Se trata de un dolor totalmente real, aunque, cuando se realizan pruebas médicas para averiguar la causa, todo parece estar bien. Lo que ocurre con este tipo de dolor es que el sistema somatosensorial, encargado de interpretar los estímulos, lee incorrectamente que el tejido está dañado. A diferencia del dolor neuropático, donde el sistema nervioso está dañado, en el dolor nociplástico, ni el sistema somatosensorial ni el tejido nervioso están alterados. Todo está «bien», pero el cerebro recibe avisos falsos de que hay daño en los tejidos y, en consecuencia, intensifica las señales de dolor. Para entender las causas y descubrir por qué el cuerpo está en alerta constante y envía mensajes erróneos de daño, podemos formularnos las siguientes preguntas:

Cuestionario para conocer mejor el dolor

- ¿Cuándo comenzó el dolor?
- ¿Qué estaba pasando cuando se activó la alerta y, con ella, el dolor?
- Sabemos que el dolor es una protección. Entonces ¿qué protege ese dolor?
- ¿Qué otro daño, que no sea físico, puede estar percibiendo el cuerpo?

A través de estas preguntas podemos obtener información muy valiosa acerca de cuál es el origen de la alerta, cómo gestionamos las emociones y cuánto dolor emocional hemos sufrido.

En el TNF el cuerpo puede mantenerse en estado constante de alerta, por lo que los músculos podrían estar continuamente tensos como medida protectora. La tensión muscular, a su vez, hace que el dolor se incremente aún más. Es un círculo vicioso de dolor-protección-dolor. Cuanto más dura la protección muscular, más riesgo de movilidad restringida. Los fisioterapeutas afirman que el movimiento de las articulaciones queda limitado y el resultado es que los músculos pueden llegar a debilitarse y a atrofiarse. Como consecuencia, se limitan tareas y actividades de la vida diaria. Debido al continuo dolor, la alerta constante, la restricción de la movilidad y los problemas derivados, el estrés y la preocupación aumentan, haciendo que la bola de nieve se haga más grande y avance imparable.

Llegados a este punto, el foco tiene que ponerse, primero, en trabajar el estrés y la preocupación que provocan la inestabilidad emocional y el miedo a los síntomas que además aumentan la inflamación y el dolor. Habrá que averiguar qué situaciones del presente disparan el dolor. A veces puede ser la falta de autocuidado, lo que incluye una mala alimentación, que aumentaría los niveles de inflamación, o la falta de movimiento debido precisamente al dolor. Podría haber disparadores que impidan descansar del dolor durante la noche, situaciones angustiantes con la familia, la pareja o el trabajo…, conviene prestarles atención. También es esencial incluir un profesional de la fisioterapia para ayudar a restaurar la parte más funcional.

Después, una vez detectados qué factores hacen que el dolor se dispare, es cuando podemos investigar el origen: ¿para qué se sigue activando una y otra vez la respuesta de dolor y protección ante un daño que no es real, pero que se reconoce como si lo fuese? ¿Qué situaciones pueden estar asociadas a que el círculo de dolor-protección se haya consolidado y perpetuado a lo largo del tiempo? El testimonio de Josefina nos ayudará a esclarecer mejor estas cuestiones.

Josefina y el trastorno neurológico funcional

Josefina llegó a mi consulta derivada de otros profesionales médicos debido a su dolor y parálisis. Su diagnóstico, trastorno neurológico funcional (TNF). Cuando empezamos a trabajar en psicoterapia, los síntomas eran aún muy intensos. Caminaba con mucha dificultad y se apoyaba en su bastón. Presentaba convulsiones cuando empezábamos a hablar de cómo se sentía y cuando se emocionaba.

En un primer momento, nos dedicamos a entender juntas lo que ocurría en su cuerpo con el dolor que sufría y cómo se había cristalizado todo un círculo vicioso alrededor del error de codificación de ese supuesto daño que el cuerpo y el cerebro percibían como real. Al comprender que los síntomas que presentaba formaban parte del TNF, se calmó, tanto a nivel psicológico como emocional. Entendió que todo lo que le ocurría era resultado de una estructura que se había hecho cada vez más grande porque se retroalimentaba de la intensidad de los propios síntomas, sobre todo el dolor y el miedo a la parálisis.

Para ayudarla a regularse a nivel emocional y reducir los síntomas físicos asociados a la falta de gestión emocional, trabajamos recursos como el de calma y técnicas de respiración. También acordamos iniciar sesiones de fisioterapia y fomentar el autocuidado, lo que incluía un buen descanso, alimentación saludable y pasar tiempo de calidad con familiares y amigos. Poco a poco, con el tiempo fue capaz de incrementar estos hábitos.

A pesar de seguir sintiendo dolor y presentar aún síntomas del TNF, Josefina estaba mejorando. Mostraba más calma y empoderamiento con los pequeños cambios que habíamos logrado, lo que la hizo confiar cada vez más en el proceso y en su capacidad de mejoría. Fue entonces cuando decidimos profundizar y buscar el origen de su dolor y de su trastorno.

—¿Cuándo empezó todo? —le pregunté.

—El dolor comenzó hace diez años y la parálisis hace un año —respondió.

—¿Recuerdas qué estaba pasando cuando empezaste a sentir dolor?

—En aquella época estaba trabajando en las máquinas de una fábrica textil, hice un mal movimiento y me provocó una tortícolis durante una semana. Todo empezó ahí porque esa tortícolis se extendió a la espalda y a los brazos, y desde entonces no me he librado del dolor. No hubo lesión ni daño, solo una mala postura a la que ningún profesional pudo dar explicación. Imagino ahora, después de lo que me has explicado, que todo se generó a partir del círculo del dolor concentrado en el cuello y que se irradió a los brazos como una protección del daño percibido como tal.

—Yo también creo que esa explicación responde a cómo el problema se extendió con el tiempo. Pero déjame hacerte otra pregunta, ya que queremos entender qué hizo que tu cuerpo pensara que había un daño sin que lo hubiera. ¿Hay algo en tu vida que sientas que ha quedado como una herida sin cerrar y que pueda estar causándote dolor interno? Deja que surjan los recuerdos y tómate el tiempo que necesites.

Josefina se queda unos minutos pensando en la pregunta, me dice que empieza a sentir dolor en el cuello y le cuesta un poco respirar. Me contó que había una herida que nunca se había cerrado y de la que le costaba mucho hablar. Me explicó que cuando tenía quince años su mejor amiga se suicidó cuando sus padres le dijeron que se iban a divorciar. Me expresó que en su casa no se hablaban las cosas y que el lema de sus padres era «si piensas en otra cosa, se va», por lo que se guardó su dolor muy adentro. Sin embargo, no podía dejar de pensar en lo que había ocurrido y la imagen de su amiga colgada con una cuerda la torturó durante años.

En esa sesión pudimos ver la herida que podía estar provocando los síntomas del dolor. Al empezar a trabajar con cuidado el trauma del suicidio de su amiga, Josefina se dio cuenta de que todo se había activado por el dolor del cuello y que aquello la conectó con todas las veces que había pensado en la horrible muerte de su amiga.

A medida que fuimos trabajando en el trauma, el dolor empezó a disminuir. A pesar de las crisis que tenía entre sesiones, debido al aumento de emocionalidad, Josefina era capaz de recordar que esa era la manera en la que el cuerpo se había acostumbrado a canalizar las emociones y el dolor.

Sin embargo, los síntomas del TNF persistían. El siguiente paso consistía en trabajar los síntomas y ver qué podía estar en el origen. Le planteé si creía que estaba preparada y su respuesta fue positiva.

—¿Qué pasó hace un año o antes de ese tiempo cuando sobrevino la parálisis? —le pregunté.

—Me llamó mi madre para decirme que mi hermano, que vivía en el extranjero, volvía a España. Colgué el teléfono y sentí como una punzada en la espalda y un cosquilleo en las piernas con sensación de flojera. A partir de ese momento me sentía rara, el dolor se incrementó y unos meses después tuve una convulsión y quedé aterrorizada. Fui al médico y me diagnosticó ansiedad. Volví a casa, pero con los días los síntomas empeoraron tanto que no paraba de temblar del miedo por lo que me estaba pasando. Fue cuando me diagnosticaron el TNF.

—¿Alguna vez en tu vida recuerdas haber sentido miedo, sentirte como paralizada y en amenaza con algo o alguien?

—Sí, con mi hermano, él me provocaba las tres cosas.

Josefina me contó que de los siete a los doce años su hermano había abusado sexualmente de ella. No se lo había contado a nadie porque él la amenazaba con que si lo decía tendría que pagar por las consecuencias. Me confesó que, cuando su madre le dio la noticia de que su hermano volvía, su cuerpo reaccionó ante el terror que le seguía teniendo. Me dijo que mientras me lo estaba contando sentía miedo, aunque era absurdo porque sabía que él nunca se iba a enterar de que me lo había dicho.

Empezamos a trabajar con el miedo. Se dio cuenta de que la niña amenazada era muy pequeña, pero que hoy en día era ya una adulta con edad suficiente para poder hablar y proteger a esa niña. Ya no tenía que temblar de miedo porque podía poner los límites que fuesen necesarios (y, si no, los trabajaríamos en terapia). Poco a poco, pudo ir procesando el trauma de su hermano. Al cabo de los meses, la mejoría fue increíble y los síntomas del trastorno fueron mejorando cada vez más. Aunque tratamos muchos más temas, a partir de esos dos traumas tan duros los síntomas que le impedían y la limitaban dejaron de hacerlo.

Las enfermedades psicocutáneas

La medicina psicocutánea, también conocida como dermatología psicosomática, estudia la interacción entre la mente, el cerebro y la piel. Tanto el cerebro como la piel se originan en la misma capa germinal durante el desarrollo embrionario, específicamente el ectodermo, la capa más externa. Este origen compartido es un dato interesante para describir los factores de origen psicopatológico que representan un rol en la causa de enfermedades dermatológicas.

Entre las enfermedades psicocutáneas se encuentran la dermatitis atópica, la dermatitis seborreica y la alopecia areata, entre otras. Una de las enfermedades más representativas es la psoriasis, una afección inflamatoria común que se caracteriza por manchas rojas en la piel cubiertas de escamas. Estas manchas pueden variar en tamaño y aparecer en diferentes partes del cuerpo, y su gravedad fluctúa, con brotes que pueden aparecer espontáneamente o persistir durante mucho tiempo. Hay estudios que indican que aproximadamente el 68 % de los pacientes adultos con psoriasis experimentaron eventos estresantes antes de la aparición de los brotes. Además, muchas personas con psoriasis reportan haber vivido experiencias traumáticas tanto en la infancia como en la adultez. El estrés y la preocupación son factores que dificultan la eliminación de las lesiones de psoriasis, y una dieta poco saludable y un estilo de vida sedentario agravan la enfermedad.

Adolfo y la psoriasis

Adolfo era una persona que necesitaba tener el control sobre su vida. Parecía tranquilo en el trato con los demás, pero internamente estaba muy preocupado. Provenía de una familia desorganizada, donde los conflictos se resolvían con gritos y malas caras. Adolfo había desarrollado una tendencia al control, probablemente porque en su familia había poco, y ante la falta de control externo, desarrolló uno interno y mental que lo ayudaba a sobrevivir.

Para evitar conflictos, complacía a los demás para mantenerlos contentos y recibir su aceptación. A los quince años, desarrolló psoriasis. Al principio, eran pequeños puntos de piel roja y seca, pero con el tiempo se convirtieron en manchas más grandes que se extendieron por el cuero cabelludo y se hicieron bastante visibles. Esta enfermedad marcó su vida; en la adolescencia, presentar manchas de psoriasis que provocaban sequedad en la cabeza y la frente, mostrándose como costras y caspa, destrozó su autoestima.

Cuando llegó a terapia, tenía veinticuatro años. No buscaba ayuda por la psoriasis, ya que no creía que la psicoterapia pudiera tratarla; asistía porque había desarrollado una depresión y le costaba salir adelante, a pesar de sus esfuerzos. Los síntomas de su depresión estaban muy ligados a la preocupación y el estrés que le provocaba la psoriasis, y, a su vez, la psoriasis se intensificaba por su preocupación y su baja autoestima. Se había enamorado de una chica, pero le era imposible avanzar debido a su falta de autoestima relacionada con la psoriasis y su aspecto físico.

Comenzamos a trabajar en su preocupación, tristeza y bajo estado de ánimo que lo llevaban a aislarse, creando un círculo vicioso que intensificaba sus síntomas. Adolfo era un buen estudiante de Ingeniería, y su preocupación por los exámenes era una de las causas de los brotes de psoriasis. Trabajamos en este gran disparador de preocupación y estrés, que hacía que su enfermedad aflorara cada vez que se acercaban los exámenes. Una vez que logramos disminuir las situaciones del presente que le provocaban mayor preocupación y estrés, comenzamos a hablar de su familia y la inseguridad que siempre había sentido con sus padres y la forma en la que habían organizado su vida. Desde pequeño, Adolfo se había sentido poco visto, así como desatendido en sus necesidades: «Mis padres estaban tan ocupados compitiendo entre ellos y gritándose que se olvidaron de que yo estaba en casa». Como hijo único, no tenía con quién compartir sus experiencias.

Durante nuestras sesiones, Adolfo mencionó que había sufrido *bullying* en el instituto cuando comenzó la psoriasis. Sus compañeros lo insultaban y rechazaban por el aspecto de su piel, lo que dificultó que pudiera aceptar la enfermedad y lo llevó a aislarse, convirtiéndose en un adolescente triste y complaciente.

A medida que trabajábamos sus sentimientos hacia su familia, comprendía que ahora, como adulto, podía decidir por sí mismo. Procesar la historia del *bullying* y entender su tendencia a complacer a los demás le permitió soltar esa necesidad en el presente, adoptando recursos más saludables como poner límites o alejarse de personas que no le hacían sentir bien. Estos cambios mejoraron su autoestima y redujeron su depresión. Sin embargo, la psoriasis persistía; aunque el aspecto de su piel había mejorado, los brotes continuaban apareciendo de manera repentina.

Nos centramos en entender por qué estos brotes volvían una y otra vez, y tuve curiosidad por saber qué había ocurrido a los quince años, cuando apareció el primer brote. Adolfo respondió que todo estaba tranquilo en ese momento. Le pregunté si un año antes, a los catorce, recordaba algo que le hubiera afectado. Me miró fijamente y dijo que su padrino había muerto cuando tenía catorce años, pero que no quería hablar de eso. Intenté preguntarle cómo se sentía al respecto, pero reiteró que no quería hablar del tema. No insistí, y después de esa sesión no volvió. Entendí que había tocado algo difícil para él y para lo que no estaba preparado.

Pasado un año me llamó y volvimos a vernos. Me pidió disculpas por haber desaparecido y me contó que su padrino había sido la persona más importante de su vida. Me confesó que había tardado un año en prepararse para enfrentarse a contarme que su padrino había muerto porque hacerlo era reconocer que ya no lo iba a ver nunca más. «Era la persona con la que iba a pescar, que me sacaba de casa cuando mis padres estaban discutiendo a gritos, el que me llevaba al futbol, el que me enseñó a afeitarme..., y un buen día desapareció. Él se fue y no me dejaron decirle adiós, nadie me dio la oportunidad de darle las gracias por todo lo que hizo. Odio a mis padres desde entonces».

Esa sesión fue un antes y un después en su vida. Para él y para la psoriasis. Yo no lo supe porque después de unas cuantas sesiones más se sintió muy bien y decidimos que ya había terminado nuestro trabajo juntos. Un par de años más tarde me escribió para decirme que quería derivarme a un buen amigo suyo a consulta, pero sobre todo para contarme que con el paso de los meses la psoriasis había ido mejorando. Quedaban solo marcas donde antes habían estado las manchas. No había tenido más brotes y estaba feliz, y yo por él.

Las enfermedades del sistema inmune

A principios del siglo XIX, Paul Erlich acuñó la dramática expresión «horror autotoxicus» para describir la autoinmunidad, una condición que afecta aproximadamente del 3 % al 5 % de la población. En estas enfermedades el sistema inmunitario, diseñado para protegernos, ataca erróneamente nuestras propias células y tejidos, dañándolos y enfermándolos.

La autoinmunidad se caracteriza por una respuesta anormal del sistema inmunitario, donde este deja de reconocer correctamente los antígenos propios y comienza a atacarlos como si fueran amenazas externas. ¿Por qué el sistema inmunitario llega a este punto? Hay diferentes factores que influyen y el conjunto de ellos es lo que provoca el desarrollo de la enfermedad. Sin embargo, cada vez son más crecientes los estudios que asocian las enfermedades del sistema inmune con el estrés crónico, el trauma y las experiencias adversas de vida, que actúan como disparadores. Además, la incapacidad para expresar emociones o integrar experiencias emocionales también podría influir.

Las personas que padecen enfermedades autoinmunes a menudo describen una sensación de incapacidad y desamparo debido a la falta de control sobre su propio cuerpo. Viven constantemente en alerta ante posibles lesiones internas que su sistema inmunitario provoca. Una paciente intentaba explicar su enfermedad cuando comenzamos la terapia. Describía su dolor de manera metafórica porque sentía que solo así podía hacerlo comprensible. «Es como si mis vísceras estuvieran adheridas a mis entrañas o como si tuviese alambres con púas dentro de mí, como un pellizco interno». Expresar este dolor ante un profesional le resultaba complicado por indescriptible.

Las personas con enfermedades autoinmunes suelen compararse con individuos a los que consideran saludables y se lastiman con mensajes internos que generan estrés, incrementando así los sentimientos de falta de valía y autoeficacia, lo que agrava los síntomas. Se anticipan a un futuro incierto debido a la falta de respuestas médicas para aliviar los síntomas y al dolor persistente que las incapacita y las coloca en una posición de dependencia. La sensación de indefensión que estas enfermedades provocan puede llevar a momentos de desesperación extrema, donde se llega a expresar que se preferiría morir antes que vivir en esas condiciones.

Emma dice que «quiere morir»

Emma me contó cómo la primera vez que expresó en alto que se quería morir por el dolor que sufría su hermano se asustó y reaccionó con enfado, lo que la hizo sentir totalmente incomprendida. Esa experiencia reforzó en ella la idea de que era peor contarlo que no hacerlo.

En muchas ocasiones la incomprensión se retroalimenta en los seres más queridos y cercanos. Se genera confusión entre la persona enferma y la familia porque no logran entender qué es lo que ocurre, no se encuentra solución a nivel médico y la tensión se incrementa porque a todos les influye la situación.

La familia no recibe apoyo para sostener a la persona afectada y la persona afectada siente que nadie la entiende y confirma la idea de que está sola y no hay comprensión ni solución para lo que le ocurre.

Es crucial expresar nuestros sentimientos, pero la queja constante puede saturar a las personas cercanas, quienes terminan sintiendo estrés y frustración al no saber cómo ayudar ni detener el malestar continuo.

—¿Qué necesitabas cuando expresaste que te querías morir? —le pregunté a Emma.

—Lo que necesitaba era un abrazo que me transmitiese comprensión, no que me gritasen y me dijesen que estaba loca. Eso me hirió profundamente porque no estoy loca, solo era una manera de expresar mi desesperación.

Le transmití mi comprensión a Emma y le sugerí que buscáramos juntas una alternativa para que pudiera expresar todo el dolor que sentía de una forma que los demás pudieran entenderlo. Le hice ver que tal vez su hermano no había comprendido realmente sus necesidades, ya que su respuesta no tenía mucha conexión con lo que ella estaba esperando. Le expliqué que cuando aparece el miedo y las personas se asustan a veces reaccionan con enfado, y ella misma reflexionó que tal vez tenía razón y que por eso su hermano había reaccionado de aquella manera.

Finalmente, Emma llegó a la conclusión de que tal vez podía expresar el dolor en momentos menos desesperados y dramáticos, cuando las cosas no estuvieran fuera de control. Le sugerí que comunicara sus necesidades a su hermano y le explicara que en los momentos de mayor frustración necesitaba más comprensión y menos impulsividad por su parte. También trabajamos juntas recursos para que Emma pudiera manejar mejor su desesperación ante el dolor y encontrar formas más saludables de desahogarse.

A continuación, presento la historia de Marisol, una persona que ha demostrado de manera excepcional que con perseverancia, persistencia y una actitud resiliente es posible superar cualquier obstáculo que nos proponemos en la vida. Marisol no solo ha enfrentado desafíos significativos a lo largo de su camino, sino que también ha sabido transformar cada dificultad en una oportunidad para crecer y fortalecerse.

EN PRIMERA PERSONA

Marisol y la fibromialgia

Marisol fue diagnosticada de fibromialgia en el año 1998. Se trata de una enfermedad autoinmune compleja que cursa con dolores generalizados y un agotamiento profundo. Afecta principalmente a los tejidos blandos del cuerpo y presenta trastornos del sueño (a pesar de dormir horas suficientes se puede sentir cansada), anquilosamiento (rigidez del cuerpo), dolores de cabeza y cara, trastornos digestivos, problemas intestinales, infecciones de orina, parestesias (entumecimiento u hormigueo de manos o pies), sensibilidad a la temperatura, problemas de piel, dolores en el pecho, problemas de vértigo, dificultad para concentrarse, pérdida de memoria, síndrome de piernas inquietas (impulso incontrolable de mover las piernas), hipersensibilidad a la luz, ruidos y cambios de tiempo, depresión y ansiedad.

Hace veintiséis años Marisol acudió a una visita médica debido a un fuerte dolor de rodillas, acompañado de ansiedad, angustia, estrés, tristeza, falta de concentración y cansancio extremo. Le diagnosticaron una depresión melancólica con un fuerte componente psicosomático que trataron con medicación sin mucho éxito.

Historia de la enfermedad

El primer año, lejos de mejorar, la enfermedad empeoraba. Me encerré en mi casa, aislándome de todo y de todos. Tenía miedo a salir a la calle, a relacionarme con la gente, a dormir en mi habitación.

Mi situación de estrés emocional era extrema, el sufrimiento psicológico era desgarrador y me encontraba en un estado de alerta constante, una tristeza muy profunda que los fármacos no eran capaces de paliar. El dolor me impedía descansar y debía colocarme un cojín en las rodillas porque el contacto con cualquier superficie se hacía insoportable. Tenía contracturas que me impedían hacer una vida normal y el dolor de la cara se volvía insufrible. Acudí a un reumatólogo en busca de una explicación a todo lo que me sucedía. Es ahí cuando me diagnosticaron fibromialgia.

El reumatólogo me dijo que es una enfermedad que no tiene cura y cuyas causas se desconocen. Me trató con antiinflamatorios, relajantes musculares y opiáceos para aliviar el dolor más intenso. Esta combinación de fármacos, añadida a la medicación psiquiátrica que ya tomaba, no dio los resultados que se esperaban y mi desesperación aumentó tanto que empecé a vivir una situación de caos donde era muy frecuente mi visita a todo tipo de especialistas; medicina general, servicios de urgencia, cardiólogos, reumatólogos, psiquiatras, psicólogos, siempre enfocada a buscar una mejoría a mi dolor. Hacía todo lo posible, pero nada funcionaba y cada vez estaba peor. Durante quince años estuve probando todo aquello que me decían que podría funcionar, pero no tuve éxito.

El trato recibido

Mi obsesión se centró en buscar una explicación para sentirme mejor. No esperaba «una curación» porque ya me había mentalizado de que eso no llegaría, pero sí un alivio que me permitiese llevar una vida más normal y menos sufrida.

Durante esa etapa, algo que me marcó tremendamente, fue el trato recibido por parte de los profesionales en mi búsqueda desesperada de ayuda. Visité algún psiquiatra que me dijo, y cito textualmente: «Has perdido el norte y para eso no hay arreglo». Otros «profesionales» me dieron un «pronóstico sombrío» con una muy improbable recuperación y me dedicaron comentarios inaceptables que me hundieron. Nadie se merece ser tratado de esa manera tan vejatoria y humillante justo cuando más comprensión y empatía necesita.

También acudí a varios psicólogos, que me decían que mis problemas eran normales, lo cual me confundía aún más. ¿Qué era normal de todo lo que estaba viviendo? Sentía que nadie podía entenderme y que se tomaban mi dolor como algo poco creíble. Me hacían sentir fatal y mis síntomas empeoraban cada vez más.

Por fin, en esa época, encontré un fisioterapeuta con el que me puse a tratamiento. Él me ofreció algo diferente, fue la primera persona que me explicó que lo que padecía era una enfermedad autoinmune. Se tomó el tiempo para que yo pudiera entender lo que me pasaba. En este nuevo tratamiento pude dejar de tomar tanta medicación, empecé a comer bien, hice rehabilitación de fisioterapia y ejercicio físico para fortalecer el cuerpo y logré reducir el dolor. Al fin había encontrado un tratamiento que me estaba dando buenos resultados. Sin embargo, la parte psicológica y emocional seguía mal. Fue entonces cuando el fisioterapeuta que me trataba me derivó a Natalia. Yo no quería ni oír hablar de los psicólogos, estaba cansada de tanta psicoterapia. Había empezado muchas veces con ilusión, pero siempre había resultado siendo un fracaso que me negaba.

Sin embargo, finalmente decidí probar con Natalia. Llegué a la sesión en estado de hiperalerta y con mucha incertidumbre acerca de lo que me iba a encontrar. No tenía fe en la psicoterapia y así se lo hice saber a ella.

La psicoterapia

Al principio empezamos a trabajar situaciones del presente que me cargaban emocionalmente y aumentaban el estrés, y con él la tensión y los síntomas físicos de dolor. Esta parte de la psicoterapia supuso como una limpieza para mí, como una higiene mental, una recolocación de las vivencias que me causaban mucha incomodidad.

La segunda parte de la terapia fue la más dura. Empezamos a procesar el acontecimiento a partir del cual se inició la fibromialgia y todo el cuadro de síntomas que mostraba: la muerte de mi madre debido a un cáncer con el que sufrió al extremo, y yo con ella. Nos dedicamos a procesar los momentos traumáticos que sufrí en el proceso de su enfermedad y hasta la despedida. En ese momento, aparecieron otros duelos de personas importantes para mí con los que todavía sufría gran perturbación, y los fuimos procesando uno a uno. Enfrentarme a todas las emociones y el dolor de esos recuerdos se hacía complicado, pero pasé por ello y a medida que avanzábamos en la psicoterapia mis síntomas se fueron reduciendo. Al salir el dolor acumulado, mi cuerpo iba soltando la ansiedad y la tensión.

El recuerdo enterrado

Seguimos trabajando y, en una de las sesiones, empezaron a aparecer flashes con imágenes de un vestido que yo tenía de pequeña. En otra sesión tuve más flashes, donde veía fuego. También me venían a la cabeza imágenes de una habitación a oscuras. Era todo muy inconexo y me hacía sentir confusa. Poco a poco, los flashes tomaron forma y, para mi sorpresa, entendí y recordé. Apareció con claridad un suceso de mi infancia que tenía enterrado en lo más profundo de mi memoria. Era un recuerdo en el que había sido testigo de un abuso hacia mi madre por parte de mi tío. Tenía unos cinco años y permanecí escondida observando el suceso detrás de una silla, totalmente paralizada por el miedo, sin poder salir, sin poder escapar de allí, sin hacer nada para impedirlo. Esta vivencia estaba muy relacionada con el hecho de que tampoco pude salvar a mi madre cuando, tiempo después, enfermó de cáncer.

A partir de ese suceso, desarrollé el estado de alerta continuado que condicionó toda mi vida. Pasé mi infancia en alerta, siempre pendiente de todo lo que ocurría, escuchando todas las conversaciones, atenta a mi madre.

Cuando fui consciente, sentí que me habían robado la niñez. Era una niña preocupada que no jugaba tranquila como las demás. Desde pequeña sufrí dolor físico que se atribuía al desarrollo, a mi crecimiento. Nunca le dieron la importancia que tenía. Cuando eché la vista atrás desde el aquí y el ahora pude entender cómo ese recuerdo tan traumático condicionó el resto de mi vida. Generó la ansiedad, la angustia y la alerta que tanto me marcaron. Cambió mi carácter, mi conducta, mi forma de enfrentarme a los problemas y, en definitiva, todo lo que era yo.

El día en que descubrimos ese episodio que viví en mi niñez fue el día en el que me empecé a curar. Fue el momento más decisivo de mi terapia, y a raíz de sacar a la luz ese recuerdo y procesarlo hubo un antes y un después en los síntomas, tanto a nivel físico como emocional.

Disfrutar de un café

Hoy en día puedo decir que gracias a este gran paso en mi psicoterapia soy una persona distinta. Mi grado de alerta ha bajado considerablemente, mi estado de ansiedad ha disminuido casi en su totalidad y mis dolores físicos se han reducido de forma increíble. Actualmente realizo ejercicio; voy tres días a la semana a la piscina, hago pilates, senderismo, y mi grado de sufrimiento es infinitamente menor. He desarrollado herramientas para hacerle frente a situaciones que todos tenemos que enfrentar en el día a día, y eso me hace sentir que he conseguido llegar a ser una persona normal.

Quiero destacar los dos aspectos que más valoro en todo mi proceso de psicoterapia. Uno es haber conseguido vivir sin tener que estar alerta, lo cual es maravilloso. El otro es algo sencillo que casi todo el mundo puede hacer y que yo hasta hace muy poco no podía: tomarme un café. Ni en mis mejores sueños podía imaginarme que llegaría a poder tomarme un café con cafeína, e incluso dos, sin que se alterase mi estado. Esta aparente minucia resume y traduce la gran victoria de la psicoterapia.

Ya no pienso en los psicólogos como unos charlatanes. Me llevó tiempo encontrar a la profesional que entendiese y supiese trabajar con mi enfermedad, pero una vez que lo hice ya no hubo vuelta atrás.

SEGUNDA PARTE

LA HUELLA DEL TRAUMA EN EL CUERPO

Capítulo 5
La difícil tarea de bajar las defensas

Los mensajes que provienen del cuerpo se pueden transmitir a través de señales, pero también mediante algo más simbólico, para lo que se requiere paciencia y tiempo. Recordemos cómo funciona la memoria sensorial: primero, los sentidos captan la información para, después, decidir si la almacenamos o la descartamos. La cabeza va rápido, procesando información continuamente, que en su gran mayoría acaba desechando porque no tiene ninguna trascendencia. Sin embargo, hay información que puede no parecer importante pero que activa emociones. Aunque al principio no conlleve una gran intensidad, va dejando un pozo constante, como una gota malaya, y puede llegar a ser muy tóxica. El veneno, aun en pequeñas dosis, es siempre veneno. Esto es exactamente lo que ocurre con las experiencias adversas de vida, aquellas en las que actúa la familia y, más adelante, el entorno y otras relaciones interpersonales. Se produce un daño silencioso que puede quedar en el cuerpo, sin expresarse. Hasta que llega un día, un momento, en el que leyendo un texto como este nos damos cuenta. De pronto conectamos con algo que nos lastima pero que no queremos ver porque duele y es incómodo. Aun así, se instala un «y si» en nosotros. «¿Y si eso es lo que llevaba media vida buscando y no me había percatado?». Nos percatamos de que tal vez la búsqueda no estaba fuera, sino dentro.

Dentro de nosotros hay una sabiduría oculta esperando a ser descubierta. Se dice que cuando soñamos con un joyero significa que algo necesita ser descubierto. Somos muchos los que guardamos toda una vida no en uno, sino en varios joyeros internos. El cuerpo se las ingenia para sacar aquello que le impide vivir de forma sana, y compartimenta y aísla aquello que molesta para que lo haga lo menos posible, siempre con el objetivo de llegar a una homeostasis, a un equilibrio que permita encontrar la calma. Pero ¿no será que nos cuesta tanto llegar a la calma porque todos aquellos joyeros llenos de recuerdos que hemos intentado aislar e ignorar están a rebosar?

El cuerpo no puede vivir en calma si convive día a día con joyeros que ha de mantener cerrados. Contienen reliquias antiguas que se han guardado como tesoros escondidos, no porque sean valiosos, sino porque están llenos de dureza. Se trata de recuerdos que pertenecen al pasado, pero que todavía se sienten y se viven en el presente. Cuando estos joyeros se abren de golpe debido a una circunstancia que lo precipita, los mensajes que tienen dentro llegan a la cabeza en forma de imágenes y pensamientos recurrentes e intrusivos, lo que provoca una alteración desproporcionada en el cuerpo, que reacciona cargado de sensaciones y emociones intensas.

Es complicado acceder al cuerpo hasta que no hay una comprensión y un permiso desde la cabeza. Si la cabeza se niega, el cuerpo se bloquea y las heridas emocionales se mantienen almacenadas a la espera de ser procesadas. Es entonces cuando todo lo acumulado se muestra en forma de síntomas físicos, como avisos de que hay material sin resolver a la espera de ser procesado. Sin embargo, no es tan fácil acceder a este material, sobre todo porque puede haber muchas y variadas defensas que protegen a los joyeros que hay dentro de cada uno de nosotros.

Las defensas psicológicas

Las defensas son todos aquellos mecanismos a través de los cuales nos protegemos de un peligro, real o percibido como tal. Es la forma en la que hemos aprendido a sobrevivir, a adaptarnos y a hacer frente a los conflictos internos, ya sean miedos, inseguridades, traumas o circunstancias injustas. Estos mecanismos crean capas de protección, como un film que nos aísla de eventos dolorosos o dañinos en nuestra vida. Tienen dos funciones principales: proteger desde adentro hacia fuera y defender desde afuera hacia dentro. Son automáticos, es decir, se activan incluso sin que pongamos intención, y pueden ser aprendidos o innatos.

Las defensas representan un papel crucial en las enfermedades psicosomáticas porque pueden ser mantenedoras y disparadoras de síntomas o de la propia enfermedad. Por lo tanto, como norma general no son la manera más saludable de manejar situaciones, aunque sean el recurso que hemos encontrado para enfrentarnos a los desafíos a los que tenemos que hacer frente en la vida. A pesar de que cumplen su función en el momento en que se desarrollan, pasado el tiempo se pueden llegar a convertir en la causa que nos impide afrontar aquello que nos daña.

Xoel y la dermatitis

Xoel padecía dermatitis atópica con brotes constantes en las manos y diferentes partes del cuerpo desde que era pequeño. Mostraba grietas que se abrían y sangraban creando costras que le provocan un intenso dolor y, sobre todo, una gran vergüenza. Se aislaba porque le acomplejaba su aspecto físico y no podía soportar las miradas y los comentarios ajenos. Se sentía angustiado, irritable y triste. Desarrolló una depresión.

Estos síntomas tenían un origen. Xoel nació de una madre en duelo. Su abuelo falleció tras una larga enfermedad justo antes de su nacimiento. Era el primer nieto de su abuelo, al que nunca conoció, idea que torturó a su madre toda la vida: «Cada vez que mi madre me miraba decía ver en mí lo que mi abuelo se había perdido y aquel dolor le atravesaba el corazón». Comentaba Xoel que sus síntomas no se presentaban siempre de la misma manera, a veces surgían muy intensamente y otras veces parecían desaparecer, pero nunca lo hacían del todo, lo que le generaba un gran desgaste emocional.

Le pregunté cuándo habían aparecido por primera vez los síntomas de la dermatitis y me dijo que, según su madre, de bebé ya tenía dermatitis, pero que la enfermedad se agravó con el tiempo. Creció siendo un niño no visto. La única manera en la que su madre lo veía era a través de la dermatitis por las heridas que se le formaban. De manera que aprendió a vincularse a través de la enfermedad.

Xoel creció viéndose reflejado en los ojos tristes de una madre con poco contacto a nivel emocional. El padre de Xoel trabajaba mucho y consideraba todo lo relacionado con lo emocional como algo absurdo que a lo único que llevaba era a tener la piel fina, es decir, a ser débil.

Cuando le pregunté a Xoel qué o quién precipitaba los brotes de dermatitis en su vida, me respondió que no lo sabía, que estaba en una relación de pareja y que todo parecía estar bien. Sin embargo, su dermatitis estaba fatal. Algo parecía estar negado… Su cuerpo se comunicaba a través de heridas que sangraban y dolían, pero «todo estaba bien». Poco a poco fuimos encontrando que lo que se negaba a ver era el estado de su relación de pareja. Me contó que ella solo se interesaba por sus necesidades, no las de él, y que sentía que no tenía lugar en esa relación. Se sentía no visto y no validado, parecía una repetición de lo que había vivido de pequeño.

Cuando pudo ver aquello que tanto negaba, se dio cuenta del miedo que sentía por las repercusiones que podía acarrear en su vida. Lloró con amargura, pero sintió por primera vez que todas aquellas lágrimas le habían abierto los ojos. Pudo entender con mayor claridad la negación que le había impedido darse cuenta del egoísmo de su pareja. Fue consciente de que había tolerado la sumisión a aquella relación porque eso era lo que había aprendido en la relación con su madre; aunque de diferente manera, todo había sido para conseguir ser visto por ambas. Su cuerpo se había llenado de dermatitis como respuesta a algo aprendido en la infancia, como un mecanismo antiguo que se ponía en funcionamiento de manera automática. Su cuerpo transmitía el mensaje de que estaba incómodo viviendo con necesidades no cubiertas y llamaba la atención para ser visto.

A través de la terapia superó el miedo a enfrentarse a la pérdida de su relación. Aprendió a entender a su niño no visto y a hablarse de forma compasiva. Recordó momentos de su vida en los que deseaba ser visto y validado y en los que no había nadie disponible. Se dio cuenta de que ahora él (el adulto) estaba disponible para él (el niño). Soltar la negación le permitió verse, sentirse y romper la idea transmitida por su familia de que las emociones no son buenas, nos hacen débiles, y hemos de mantenernos ajenos a lo que el cuerpo muestra, negando aquello que es obvio.

A medida que se iba sintiendo mejor a nivel interno, su autoestima y su seguridad mejoraron. Recolocó su vida y decidió romper su relación de pareja. Poco a poco los brotes de dermatitis disminuyeron y tan solo quedaron pequeños focos y cicatrices de brotes más antiguos. Soltaba la enfermedad, ya no necesitaba todo aquello que simbólicamente era su manera de estar en el mundo desde pequeño. Estaba feliz de sentirse por fin liberado. La dermatitis atópica de Xoel remitió cuando tomó conciencia de sus defensas y se armó de valor para hacerle frente a lo que protegían.

¿Cuántas defensas nos protegen de las que no somos conscientes? Si nos formularnos esta pregunta para identificar nuestras propias protecciones, aquellas con las que convivimos sin saberlo, podemos identificarlas y descubrir que muchas de ellas no son necesarias, simplemente son la versión antigua de aquello de lo que nos hemos tenido que proteger en el pasado. Nuestras defensas están ahí como parte del color de nuestros ojos o la forma de nuestra cara. Sin embargo, no son parte de nosotros, sino una de las secuelas de lo vivido que a veces nos complican crecer y mejorar con nosotros mismos y los demás.

Antonio y la humillación

Antonio es un hombre tranquilo en su día a día, pero hay algo que no tolera y es que le falten al respeto. Padece una enfermedad llamada «colon irritable», un padecimiento que se ve muy influenciado por su estado emocional.

En una ocasión fue al banco a solicitar un recibo que necesitaba para su trabajo. De manera respetuosa, pidió el recibo al bancario, pero recibió una respuesta inesperadamente inadecuada. En ese momento, dejó de ver al bancario y, sin darse cuenta, conectó con la imagen de su padre humillándolo. Sin saberlo, activó una defensa llamada «personalización», que consiste en tomar como propio algo que no lo es y a lo que reaccionamos intensamente.

Antonio solo fue consciente de la rabia que sintió ante la falta de respeto del bancario, lo que desencadenó una situación tensa en el banco. Cuando vino a consulta y analizamos el suceso, identificamos cuán habitual era la personalización en su vida. Tomó conciencia de su herida de humillación (más adelante profundizaremos sobre este tema) con su padre y de cuántas veces esta herida le había hecho perder el control a lo largo de su vida. La humillación había marcado su manera de ser y era la razón por la que se había expuesto y, en ocasiones, llegado a pelear físicamente.

Profundizando más, le pregunté cuándo comenzaron los síntomas de su colon irritable. Me respondió que en la adolescencia, justo cuando la relación con su padre se volvió violenta. Recordó que el peor momento fue un día en que su padre lo insultó muchísimo. De la rabia, se abalanzó sobre él y lo golpeó. La culpa tras aquel incidente provocó un fuerte dolor en el vientre y pasó toda la noche con síntomas que le impidieron salir de casa durante una semana y que lo llevaron a urgencias.

LA DIFÍCIL TAREA DE BAJAR LAS DEFENSAS

Reconocer la **personalización** nos libera de ella. Es una defensa que nos protege pero que al mismo tiempo nos atrapa en aquello de lo que nos protege, como le ocurría a Antonio. La respuesta del bancario no tenía absolutamente nada que ver con él, lo que tenía que ver con él es que a través de la personalización convirtió la mala educación de una persona externa en una amenaza interna de la que protegerse. Además, su colon le hizo saber, de nuevo, que aquella rabia era demasiado para el organismo.

Cuando identificamos la personalización somos capaces de poner fuera lo que corresponde al exterior, las demás personas o situaciones no pueden dañarnos. Nos colocamos nuestra membrana y dejamos que los bancarios de nuestras vidas lidien con sus cargas, que no tienen nada que ver con las nuestras. Nos desidentificamos de aquello que no se relaciona con nosotros y solo nos hacemos cargo de aquello que nos pertenece.

Otras defensas que pueden presentarse y que nos dificultan encontrar la raíz de un problema psicosomático son:

- **Maximización.** Defensa en la que la persona necesita exagerar lo que le sucede y para ello utiliza tanto lo explícito, es decir, las palabras y los comentarios, como lo implícito, es decir, los gestos, síntomas y posturas.
- **Minimización.** Defensa que, junto con la negación, utilizamos para protegernos y quitar importancia a situaciones internas o externas que realmente la tienen.
- **Queja.** Defensa en la que se pone énfasis en lo negativo de lo que nos pasa, lo que nos duele, lo que nos lastima, lo que nos molesta. Es una manera de expresar aquello que no toleramos

internamente, pero para las personas de alrededor puede resultar agotador. Quien usa la queja acaba focalizándose más en lo malo, lo que provoca que el síntoma se sienta más intenso o se perciba peor.

- **Retroflexión.** Defensa que consiste en darle la vuelta a la dirección del enfado, la frustración o la rabia. En lugar de expresar hacia fuera el malestar asociado al enfado lo proyectamos hacia dentro. Esa energía queda dentro y provoca una activación que necesita ser metabolizada de alguna manera porque no es positiva para el organismo. Esto ocurre, por ejemplo, cuando sentimos rabia y en lugar de expresarla la dejamos dentro y nos lastimamos con ella. Nos duele la cabeza, la barriga, tenemos malas digestiones, se pueden inflamar las articulaciones y aumenta el dolor allí donde se sienta.
- **Represión.** Defensa de inhibición que consiste en meter en nuestro interior todo aquello que no queremos mostrar. Junto con la negación y la minimización, es una protección para no permitir salir sentimientos, emociones y opiniones que se necesitan expresar pero que no somos capaces de comunicar. Se aprende en la infancia, como la mayoría de los mecanismos de defensa.
- **Evitación.** Defensa que se basa en no querer asumir, ni aceptar, ni ver, ni tomar conciencia acerca de diferentes situaciones de vida. Pueden ser personas, conversaciones, situaciones, sentimientos o síntomas. A través de esta defensa nos protegemos de tener contacto con aquello que tememos en algún grado. Por ejemplo, hay personas que están en evitación y no quieren

escuchar ni ver que su enfermedad tiene un aspecto psicológico importante que necesita ser trabajado y procesado para ayudar a sanar los síntomas.
- **Lealtad.** Defensa que actúa como protección de las figuras de apego (padres, madres, cuidadores…) cuando han sido negligentes. Cuando en la infancia hemos sufrido situaciones adversas con nuestros padres o cuidadores, nos convertimos en sus protectores a través de la idea de que son «los mejores padres». Esta defensa impide procesar adecuadamente la vida que hemos vivido y, en su lugar, cubrimos la realidad con la imposición de no mencionar nada negativo acerca de ellos. Nos obliga a tolerar situaciones o a negar eventos ocurridos, todo en pro de proteger el vínculo y la figura de apego. Esta defensa es común en personas que han sufrido trauma en su vínculo con los padres y en víctimas de abuso sexual, de poder, emocional o maltrato.

Ruth y la lealtad

Ruth llegó a psicoterapia porque recibió un diagnóstico de crisis no epilépticas psicógenas (CNEP) después de experimentar varias crisis que parecían epilépticas pero a las que, tras realizar las pruebas necesarias, los especialistas no encontraron ninguna explicación médica, por lo que concluyeron que su epilepsia era de origen psicógeno.

La defensa de lealtad impedía entrar en cualquier tema del pasado para poder entender si las CNEP tenían las raíces en su historia de vida. Cada vez que intentábamos hablar de sus padres lo primero que decía Ruth era lo buenos que eran y que ellos no tenían nada que ver con lo que le pasaba a ella. Aparecía la defensa incluso cuando ni se los nombraba, en un intento de protegerlos o de protegerse a sí misma para no ver una realidad dolorosa.

Su historia de vida había sido complicada. Durante su infancia, su padre, ahora ya recuperado, había padecido un grave problema de alcohol con el que había hecho sufrir tremendamente a la familia. Esta era la razón por la que surgía la defensa de lealtad, su padre hoy en día era un padre rehabilitado y ella tenía buena relación con él. Hablar de su infancia abriría una herida que no quería tocar, pero no tocarla significaba negar la posibilidad de trabajar el origen de su CNEP.

¿Como sabíamos que las crisis estaban asociadas con su pasado? Porque, comprobando las situaciones que disparaban las crisis, estas la conectaban a esa época de su vida. De hecho, precisamente la primera crisis apareció tras un evento muy estresante asociado a una llamada de teléfono de la policía avisando de que su hijo estaba ingresado en el hospital debido a un coma etílico tras haberse excedido con el alcohol en una salida nocturna con los amigos. Después de ese incidente algo se rompió dentro de ella, según describió, y poco tiempo después apareció la primera crisis, a la que sucedieron las siguientes.

LA DIFÍCIL TAREA DE BAJAR LAS DEFENSAS

Lo más complicado para trabajar en psicoterapia son las defensas, ya que impiden procesar lo no resuelto, lo bloqueado. Cuando tomamos conciencia de ellas y logramos suavizarlas todo resulta más sencillo. En múltiples situaciones formulo esta pregunta retórica a mis pacientes: «¿Qué es lo peor que puede pasar? ¿Que llores y dejes salir el dolor?». Cuando permitimos que se drene el dolor, el cuerpo se libera y, con él, los síntomas que se han desarrollado para intentar soltar aquello que no es orgánico y no pertenece.

Las defensas de supervivencia

Hay otro tipo de defensas, las de supervivencia, que están en la base de muchos síntomas y reacciones de los trastornos somáticos. Se trata de aquellas defensas que se activan cuando sentimos que nuestra vida puede estar en amenaza o en peligro. Surgen para protegernos, y gracias a ellas nos paralizamos, huimos, nos sometemos o luchamos ante un evento o situación traumática. Exploremos cómo funcionan para entender lo que provocan a nivel interno.

Según la teoría del neurocientífico Stephen W. Porges, el sistema nervioso autónomo (SNA) regula tres estados fisiológicos fundamentales. Cuando nos sentimos amenazados, instintivamente pasamos al primer nivel: la interacción social. Aquí es donde pedimos ayuda, apoyo y consuelo a las personas que nos rodean. Si no acude nadie a nuestra ayuda, o estamos ante un peligro inmediato, el organismo pasa a un modo de supervivencia más primitivo, el segundo nivel: luchar o escapar. Luchamos contra nuestro atacante o corremos buscando un lugar seguro. Si esto falla (no podemos escapar, estamos retenidos o atrapados), aquí el organismo intenta preservarse bloqueándose o gastando el mínimo de energía posible y llegamos al tercer nivel: el estado de congelación o de colapso.

Estas defensas ante acontecimientos estresantes nos ayudan en situaciones a corto plazo. Sin embargo, ante un trauma, estas respuestas pueden llevarse al extremo y convertirse en algo que desgasta, que es poco saludable y que incluso pone en peligro al cuerpo.

La respuesta de lucha

Cuando la respuesta de lucha es sana puede ayudar a poner límites sólidos que defienden a la persona. Sin embargo, cuando no es saludable, es decir, cuando se utiliza como respuesta al trauma, nos hace reaccionar hacia el conflicto con ira y agresión. En realidad, respondemos con agresividad a la amenaza porque vivimos en un estado de miedo. Cuando eso sucede, conviene detenerse y reflexionar acerca de cómo actuamos en los momentos en los que nos sobrepasa la situación.

La respuesta de huida

Ante una situación peligrosa la respuesta de huida nos lleva a escapar de la amenaza para evitar posibles daños. Cuando es sana, somos capaces de diferenciar las situaciones estresantes y «desconectarnos» dentro de unos límites. Sin embargo, como respuesta al trauma, la huida nos puede conducir a aislarnos por completo. Bajo su influencia, omitimos sentimientos incómodos manteniéndonos ocupados o huyendo hacia la salida cuando las cosas se ponen difíciles. Esta desconexión con la realidad tiene sus riesgos y es importante que en aquellas situaciones en las que tengamos la tentación de huir volvamos al cuerpo, conectemos con nosotros y comprobemos si los músculos están tensos o relajados, además de intentar comprender de dónde viene esa reacción.

La respuesta de congelación

Cuando es saludable, la respuesta de congelación nos permite detenernos y evaluar la situación cuidadosamente. Cuando no es saludable, la respuesta de congelación se relaciona con la disociación y conductas inmovilizadoras, es decir, la persona se queda paralizada. Cuando esta defensa se activa, a menudo resulta en una verdadera «congelación»: podemos sentirnos congelados e incapaces de movernos, o encontrarnos distraídos como si estuviéramos en una neblina o desconectados de la realidad. No sentimos que nuestra presencia sea real ni que tengamos control mental, lo que nos lleva a ignorar lo que sucede a nuestro alrededor y lo que sentimos, en un intento por encontrar seguridad emocional.

Esta respuesta de congelación al trauma se produce cuando partes del sistema nervioso simpático alcanzan un punto de sobrecarga que provoca un cierre neurológico. Es comparable a la reacción de algunos animales que se hacen los muertos en presencia de un depredador. Congelarnos puede manifestarse como una incapacidad para hablar, una retirada mental, dificultad para estar presentes, sueño excesivo, disociación y una sensación de entumecimiento tanto emocional como físico. Es el equivalente a una parálisis temporal y una desconexión del cuerpo para evitar más estrés.

La respuesta de sometimiento

En esencia, la respuesta de sometimiento implica complacer a los demás y adoptar comportamientos pacificadores. Esto se caracteriza por priorizar a otras personas por encima de uno mismo, haciendo lo que quieran para disipar conflictos y recibir su aprobación. Aunque puede parecer beneficioso ser querido y ceder ante los demás para garantizar la seguridad, hacerlo a costa de perderse a uno mismo puede ser perjudicial. Este comportamiento podría llegar al punto de que abandonemos nuestras propias necesidades al fusionarnos con los demás.

A través de esta defensa, complacemos a la gente hasta el extremo de olvidarnos de nosotros mismos por completo, ignorando nuestros propios pensamientos, emociones y sensaciones corporales. Si adulamos y complacemos con frecuencia, es esencial que aprendamos a identificar nuestros sentimientos para diferenciarlos de los de los demás. Tomar conciencia cuando tenemos respuestas de sometimiento es el primer paso, el segundo es aprender a poner límites para ocupar nuestro propio espacio, el lugar que nos corresponde.

¿Cómo funciona el proceso de sometimiento? Cuando somos bebés lloramos instintivamente en un intento de llamar la atención, por lo que aumentamos nuestra supervivencia física y emocional.

Cuando los agresores tienen mayor superioridad tanto física como emocional o de poder, abandonamos la defensa de lucha por la defensa de huida para protegernos y defendernos. Cuando huir no es una opción, lo que queda es someterse y cumplir con las exigencias del otro, que tiene más poder.

La codificación del cuerpo y el trauma

Como hemos visto, las defensas de supervivencia se activan con disparadores del presente y nos pueden llevar a reaccionar de forma desproporcionada. Cuando esto ocurre, podemos asustarnos y sentirnos confundidos si no entendemos de dónde vienen. Para comprender mejor su origen, es importante que conozcamos los efectos del trauma.

El destacado neurólogo y psiquiatra francés Pierre Janet fue el primero de una larga lista de teóricos clínicos que explicó lo que sucede cuando se dan diferentes tipos de abusos, falta de cuidados y abandono de manera continuada. Concluyó que «los traumas tienen efectos desintegradores que además dependen de la intensidad, duración y repetición con la que se den esos hechos traumáticos». Es decir, los traumas se producen por impacto cuando el evento sufrido es muy intenso para la persona, por repetición cuando un evento que daña se da de manera continua o por omisión como ocurre cuando se produce una negligencia en los cuidados o existen necesidades no cubiertas en la infancia. Además, las situaciones complicadas por las que pasamos en el presente se ven intensificadas por aquellas vividas en nuestra historia de vida. Es decir, sobrevivir a las consecuencias de un accidente de coche grave (no habiendo sufrido traumas previos) es bastante diferente a sobrevivir al trauma más reciente viniendo de una historia de vida en la que ha habido situaciones abusivas, abandono y caos. En un intento instintivo y desesperado de sobrevivir a la amenaza percibida, se nos activan nuestras defensas de supervivencia. A cualquier edad haremos todo lo necesario para sobrevivir cuando escapar no sea la opción para protegernos, lo que provoca desregulación y dificultad para responder a nuestras emociones de manera adecuada.

Esta falta de regulación emocional deja una huella somática y sensorial y, solo cuando se suavizan las defensas, el cuerpo recuerda el daño vivido. Entendemos, pues, la somatización como la adaptación y expresión tardías del trauma sufrido. Por lo tanto, tenemos que hacer el camino inverso y acceder a través de las sensaciones corporales a esas experiencias que carecen de palabras y se expresan a través del cuerpo si queremos entender de dónde vienen e integrarlas.

Como ya hemos visto, la codificación del cuerpo es el proceso mediante el cual las emociones y los estados mentales se traducen en síntomas físicos. Esta traducción puede manifestarse en diversas formas, desde dolores y molestias hasta enfermedades crónicas y autoinmunes. Puede interpretarse como un lenguaje simbólico a través del cual el cuerpo comunica lo que la mente consciente no quiere comunicar o no puede reconocer. En algunas personas lo más obvio no funciona para entender la codificación del cuerpo, de manera que se busca entonces desde lo simbólico para comprender el mensaje que nos envía el cuerpo.

LA DIFÍCIL TAREA DE BAJAR LAS DEFENSAS

Rosa y la ansiedad

Desde hace tres años Rosa sufre grandes niveles de ansiedad. Empezó a experimentarla a raíz del fallecimiento de su abuela, la persona que más quería en el mundo y la que siempre representó su base segura (en el próximo capítulo profundizaremos sobre este término). Con ella, había disfrutado los mejores momentos de su infancia. Era la única persona por la que se había sentido querida y, sobre todo, vista. Su historia está marcada por el abandono que siempre sintió por parte de sus padres, que la dejaban constantemente en casa de amistades, debido a sus respectivos trabajos.

Cuando murió su abuela comenzó una sintomatología de desmayos incontrolados ante situaciones difíciles de prever. Se realizó diferentes pruebas neurológicas que no dieron ninguna explicación médica para estos síntomas. El miedo era una constante en su vida por el temor a sufrir más desmayos y volver a sentirse tan vulnerable como cuando era pequeña.

Se sentía abandonada, tenía lo que llamamos «herida de abandono», que se intensificó con la muerte de su abuela, que para ella era «la única persona que me quería y ya no está». Como respuesta, siempre buscaba la mirada de otras personas para sentirse vista y llamaba a sus amigas para regularse a nivel emocional cuando se encontraba mal.

Durante la terapia, le pregunté: «Si tu cuerpo a través de estos desmayos quisiera enviarte un mensaje, ¿cuál sería?». Ella me respondió: «No poder tolerar la soledad».

Todas las experiencias de pequeña habían dejado una huella emocional importante de inseguridad y miedo que se disparaban en la edad adulta con temor al abandono y la posibilidad de dejar de ser querida. Había desarrollado estrategias de afrontamiento para compensar el miedo a los desmayos, como, por ejemplo, evitar situaciones, conductas o lugares que pudiesen activar los desmayos (respuesta de huida), lo que acababa convirtiéndose en un problema añadido al que intentaba solucionar. Entender dónde estaba el origen de lo que le ocurría la ayudó a entenderse a sí misma y, sobre todo, a comprender el mensaje que su cuerpo le enviaba y que negaba.

Capítulo 6
El apego y las relaciones psicosomáticas

El psicólogo John Bowlby desarrolló la teoría del apego, que supuso un punto de inflexión en la forma de entender las relaciones. Esta teoría sugiere que desde niños necesitamos formar un vínculo fuerte y seguro con al menos un cuidador principal para un desarrollo emocional y social saludable. Este vínculo intenso, duradero en el tiempo y cuya función principal es dar seguridad y promover el desarrollo, es el «apego». Aunque el apego nace en todos los vínculos que son o han sido importantes, el que se establece con los padres o cuidadores es el primordial, ya que se trata de las primeras referencias vitales que tenemos. Los niños perciben a estas figuras de apego como sus modelos fundamentales, con independencia del trato que reciban; por lo tanto, su impacto en el desarrollo de la personalidad es crucial.

De las relaciones de apego surgen las percepciones de cómo somos, cómo nos comportamos, qué podemos esperar de los demás y de las relaciones, etcétera. Si las figuras de apego dan protección, seguridad y tranquilidad, fomentarán una mejor autoestima y una representación realista de lo que podemos esperar en nuestras relaciones. Sin embargo, cuando las figuras de apego, sea de forma consciente o inconsciente, no cumplen con algunas de sus funciones, podemos tener una autopercepción negativa y distorsionada de nosotros mismos, miedos, bloqueos a la hora de relacionarnos. Y puede que arrastremos heridas que se irán infectando a lo largo de nuestra vida. Todo esto podrá dejar un impacto significativo en cómo nuestro cuerpo maneja el estrés emocional y, en consecuencia, tal vez cause daños en nuestro sistema inmunológico y nuestra salud física en general. Es decir, hay una estrecha relación entre los estilos de apego y la somatización de las emociones.

Los estilos de apego

Los estilos de apego son patrones de comportamiento y emocionales que desarrollamos en la infancia y que nos influyen en cómo interactuamos en nuestras relaciones a lo largo de la vida. Fue el propio Bowlby quien los conceptualizó y, posteriormente, Mary Ainsworth siguió profundizando en ellos. Existen estos tipos de apego, de los cuales solo el primero es completamente saludable:
- **Apego seguro**
- **Apego inseguro**
  - –Apego ansioso-ambivalente
  - –Apego evitativo
  - –Apego desorganizado

El apego seguro

Es el tipo de apego que propicia una buena autoestima y relaciones sanas. Los niños con apego seguro perciben a sus cuidadores como personas disponibles, que se encargan de sus necesidades y responden a ellas de forma eficaz. Se sienten aceptados y notan que sus emociones son validadas. Son niños vistos, se perciben importantes y que reciben afecto. Los límites que reciben por parte de las figuras de apego les muestran lo que es bueno para ellos y lo que no.

Ya de adultos, lo habitual es que se sientan cómodos con sus vínculos, que tengan pocas dudas sobre sus relaciones, que sepan expresar sus emociones, poner y aceptar límites sanos y hacer cambios sin dificultad.

- Características:
  - Confianza en que nuestras necesidades serán atendidas.
  - Comodidad con la intimidad y la independencia.
  - Capacidad para compartir sentimientos y buscar apoyo.
  - Emociones positivas acerca de las relaciones y una visión optimista de nosotros mismos y de los demás.
- Comportamiento en relaciones:
  - Podemos establecer relaciones saludables y duraderas.
  - Manejamos bien los conflictos y somos capaces de comunicar nuestras necesidades y sentimientos.
  - Desarrollamos una buena autoestima y somos resilientes emocionalmente.

El apego ansioso-ambivalente

Este apego se construye cuando las figuras de apego no son siempre accesibles. A veces muestran implicación en la crianza y en las necesidades del niño, pero otras veces tardan mucho en resolver las demandas, o bien parece que lo van a hacer pero no lo hacen, o bien muestran desinterés. Eso genera incertidumbre en el niño acerca de lo que puede esperar del vínculo, ya que es incapaz de predecir si su cuidador estará disponible o no en cada situación. Ante lo impredecible de la situación, se siente seguro cuando la figura de apego está presente, pero no sabe cómo actuar cuando no lo está, lo que puede conducir a una sensación de abandono. Esta ambivalencia por parte de la figura de apego puede llevar a que el niño se vuelva más demandante para que le hagan caso, lo que a su vez puede provocar irritación en los cuidadores, que se vuelven aún más evitativos porque les molesta la demanda del niño.

Las personas con estilo de apego ansioso aprenden a muy corta edad que cuando no consiguen lo que quieren deben insistir hasta la extenuación y, aun así, es probable que no lo obtengan y se sientan rechazadas. En sus relaciones, pueden buscar una cercanía extrema, sobre todo con su pareja, ya que tienen la sensación de que la proximidad nunca es suficiente y viven con la duda eterna de si el vínculo es lo bastante sólido o de si su pareja las quiere de verdad. Arrastran la inseguridad generada en la infancia, por lo que son muy autocríticas y buscan activamente la aprobación de los demás, lo que puede llevarlas a ser complacientes en exceso. Asocian comunicar y ser sinceras con poner el vínculo en peligro, por lo que a menudo no lo hacen.

- Características:
  - –Inseguridad acerca de que podamos ser queridos o valorados.
  - –Fuerte deseo de cercanía mezclado con temor al abandono.
  - –Sensibilidad a la separación y dificultad para estar solos.
  - –Emociones intensas y que a menudo cambian hacia las figuras de apego.
- Comportamiento en relaciones:
  - –Podemos parecer dependientes o «pegajosos».
  - –Buscamos constantemente la validación y aprobación.
  - –Tenemos dificultades para mantener límites saludables.

El apego evitativo

Este apego se construye cuando los cuidadores no satisfacen las necesidades del niño, no muestran cercanía, afecto o disponibilidad. El menor empieza a considerarse una carga y a desatender sus propias necesidades, ya que, si no las atienden, será que no son tan importantes. Las figuras de apego suelen ser frías y distantes. Pueden ser irresponsables y autoritarias al mismo tiempo y a menudo no se acercan al niño, ya sea por causas externas (una enfermedad, por ejemplo) o por indiferencia. Quienes viven este tipo de apego suelen evitar el compromiso y la afectividad, que asocian a algo que sus cuidadores censuraban o ignoraban. En general son personas que se aíslan, que se incomodan con vínculos estrechos ya que han aprendido a reprimir bien sus emociones, por lo que tienen dificultades para identificarlas y comunicarlas. A menudo se presentan como adultos racionales y autosuficientes, que hablan del trabajo y no de situaciones personales o sentimientos. Todo lo que implique vulnerabilidad lo viven como una amenaza.

- Características:

    –Nos sentimos incomodos con la intimidad y valoramos mucho la independencia y la autosuficiencia.

    –Hay una tendencia a distanciarnos emocionalmente de los demás.

    –Minimizamos la importancia de las relaciones y suprimimos nuestras necesidades emocionales.

- Comportamiento en relaciones:

    –Evitamos compromisos profundos y a menudo parecemos distantes o desinteresados.

    –Podemos ser percibidos como fríos o indiferentes.

    –No solemos buscar activamente el apoyo emocional.

El apego desorganizado

El estilo de apego desorganizado se da en entornos familiares muy conflictivos y negligentes. Es el patrón de apego más disfuncional y el más relacionado con el desarrollo de problemas o trastornos psicológicos en la edad adulta. Las figuras de apego son negligentes, no cubren las necesidades psicológicas ni físicas de los niños y pueden llegar a abusar de ellos. Se establece una relación en la que el niño tiene miedo y se siente amenazado, pero al mismo tiempo necesita al cuidador.

En la edad adulta, quienes han vivido este tipo de apego no saben qué esperar de sus relaciones y les cuesta mucho identificar lo que es adecuado y lo que no. Es habitual que se salten límites que los demás establecen, que repitan el patrón que vivieron en su infancia y se metan en relaciones tóxicas. Fluctúan entre la sumisión para conseguir aceptación y la agresividad para protegerse. Este tipo de apego no siempre es fácil de identificar porque el comportamiento que suscita es variable y cambiante. La mejor pista para identificarlo es fijarse en los cambios extremos en el trato.

- Características:

  –Mostramos un patrón poco coherente de respuesta en las relaciones con los demás y en las relaciones más cercanas.

  –Se dan comportamientos contradictorios y confusos.

  –Podemos mostrar miedo o desorientación respecto a las figuras de apego en la infancia. Es en este estilo de apego donde se da la situación en la que la misma persona que nos da cariño nos hace daño y/o da miedo y/o amenaza.

  –A menudo resultan de experiencias de trauma o inconsistencia en la crianza.

- Comportamiento en relaciones:

  –Incapacidad para manejar el estrés en las relaciones de manera efectiva.

  –Podemos alternar entre la búsqueda de cercanía y el rechazo a la intimidad.

  –Dificultad para confiar en los demás y en nuestras propias percepciones.

Nuestros estilos de apego pueden cambiar y podemos ir modificándolos a través de experiencias significativas y del trabajo en psicoterapia. Entender el propio estilo de apego nos ayuda a identificar nuestros patrones en las relaciones con los demás y trabajar hacia un apego más seguro y saludable. Una vez descritos e identificados los estilos de apego, debemos entender que, dependiendo del estilo, se pueden desarrollar aspectos que nos hagan más vulnerables a que nuestro sistema reaccione hacia los síntomas de enfermedad.

Los estilos de apego inseguro, como el ansioso y el evitativo, están asociados con mayores niveles de estrés psicológico. Este estrés puede desencadenar una serie de respuestas en el cuerpo, incluyendo la activación del sistema inmunológico, lo que contribuye al desarrollo de enfermedades autoinmunes.

Otro punto importante es la regulación emocional. Los estilos de apego inseguro a menudo tienen dificultad para regular emociones, lo que los puede llevar a comportamientos que impacten negativamente en la salud, como evitar cuidados médicos preventivos o no seguir tratamientos médicos adecuadamente. Estos comportamientos se pueden intensificar en presencia de enfermedades crónicas, incluidas las autoinmunes. Mientras que los estilos de apego ansioso tienden a utilizar más el sistema de salud debido a preocupaciones médicas continuas, aquellos con apego evitativo pueden utilizar menos o nada los servicios de salud, evitando tratamientos y consultas médicas. Ambas tendencias pueden afectar negativamente la gestión de enfermedades autoinmunes, ya sea por exceso de atención médica sin necesidad o por falta de seguimiento y de tratamientos necesarios.

Cada vez más investigaciones sugieren que las experiencias tempranas y los estilos de apego influyen en la respuesta inflamatoria del cuerpo. Por ejemplo, un estilo de apego inseguro podría estar vinculado con niveles más altos de marcadores inflamatorios, los cuales son cruciales en muchas enfermedades autoinmunes. Este vínculo proporciona una pista biológica sobre cómo los patrones emocionales y relacionales tempranos pueden predisponer a ciertas condiciones de salud.

La base insegura y sus consecuencias

Como hemos visto, desde la infancia necesitamos una base segura, que nos proporcionan aquellos cuidadores que nos ofrecen seguridad, protección y disponibilidad. Gracias a las figuras de apego nos sentimos seguros para explorar el mundo y aprender de él. Cuando un niño sabe que tiene una base segura a la cual regresar, puede aventurarse, experimentar y afrontar situaciones nuevas con confianza. El cuidador estará presente a las señales y necesidades emocionales y físicas, y al mismo tiempo lo animará para que aprenda y descubra de forma independiente.

De adultos, disponemos de una base segura interna, que es la que hemos internalizado de la base segura de nuestros cuidadores. Es a la que nos dirigimos cuando lo necesitamos, especialmente como parte de nuestra regulación del afecto. Esta base personal proviene de la infancia, de la seguridad que hubo allí.

El problema es cuando esta base no es tan segura. Cuando los cuidadores, en lugar de aportar calma, generan intranquilidad o incluso miedo, el vínculo se vuelve poco seguro o incluso desorganizado, lo que incrementa la tendencia de que los hijos desarrollen una menor salud física y mental. De hecho, uno de los factores que más influye en los trastornos de diferentes categorías es haber crecido en una familia en la que la base es insegura. Para entenderlo con mayor claridad, a continuación, encontraremos ejemplos de los diferentes tipos de familias que pueden provocar complicaciones de salud y la enfermedad.

Familias donde no se permite mostrar las emociones

En este tipo de familias mostrarse desde lo emocional hace que el niño se sienta inseguro o controlado por la reacción de la familia. Por lo tanto, evita las emociones y presenta defensas de represión e inhibición, así como la defensa de la negación. Un caso flagrante es cuando, por ejemplo, el hijo sufre *bullying* en el colegio y sus padres no se enteran porque nunca se lo cuenta. La creencia interna que se desarrolla en el menor es «no cuento nada para que no me vean como débil y perdedor». En este tipo de familias mostrar las emociones provoca vergüenza por la ausencia de normalidad en el hecho de sentir y mostrar lo que se siente. Además, en muchas ocasiones, si cuando se expresa algo que duele la respuesta es carente de emoción, el niño lo entiende como una falta de comprensión y le queda la sensación interna de haber hecho algo malo al contarlo. Incluso pueden aparecer burlas o humillaciones que lo ridiculizan por mostrar lo emocional. Estas circunstancias generan un daño que pasa factura a lo largo del tiempo. Sobre todo, con la tendencia que ya conocemos a que todo aquello que pesa y duele, si no se expresa de una manera adecuada, buscará su salida, sea o no la más adecuada, ya que el cuerpo necesita encontrar su equilibrio.

Familias con alta desregulación emocional

En estas familias las figuras de apego no gestionan las emociones. Presentan incapacidad para cuidar y regular las emociones de los hijos y, como resultado, se llega a lo que se llama «el trauma oculto», que consiste en el daño que se provoca al niño por no haberle enseñado a regularse, ya que no hubo figuras de apego saludables que le enseñasen. Esta situación es bastante habitual cuando los padres están pasando un duelo por la pérdida de una persona querida o por otras situaciones que cambian la vida, como perder un trabajo. En este contexto, el niño vive con soledad y tristeza e incapaz de gestionar sus emociones.

Familias con alto nivel de preocupación y miedo

En estas familias las figuras de apego no muestran características adultas. En su lugar muestran ambivalencia, inseguridad y miedo. Se da algo llamado «inversión de rol» o «parentificación», que significa que a corta edad los hijos se convierten en pequeños adultos por necesidad. Debido precisamente a la inmadurez o miedo a la vida y toma de decisiones de las figuras de apego, se les exige a los hijos responsabilidades que no les corresponden y no pueden asumir. Cuando el niño percibe que la madre o el padre no lo pueden cuidar, como mecanismo de supervivencia y protección natural aprende a cuidarlos a ellos, sería algo así como: «Para que me puedan cuidar y proteger, los tengo que cuidar yo».

En este proceso hay un sacrificio de la propia infancia en la que se pierden características de la niñez para apropiarse de características adultas que no corresponden por edad. Es una adaptación a la situación de vida relacionada con la alerta, la hiperresponsabilidad y el control. Con el paso del tiempo queda una estela de sufrimiento en estos niños debido al esfuerzo que supone dejar de ser niño para cubrir necesidades que no son las propias de la infancia.

De aquí surgen adultos que adquieren mecanismos de compensación, como pueden ser rumiaciones (darle vueltas a las cosas obsesiva y desproporcionadamente) y pensamientos negativos que pueden llevar a lo que se llama «delirios de ruina» (ver todo desde la perspectiva más catastrófica, anticiparse a las situaciones para tener siempre un plan b por si las cosas salen mal, desconfianza en la vida y las personas). Sus niveles de control y alerta constantes perjudican su salud física, lo que se ve reflejado en el cuerpo. La tensión crónica, los elevados y constantes niveles de cortisol favorecen los procesos de inflamación y obligan, sin ser conscientes, a que el cuerpo se mantenga permanentemente en ese estrés que describíamos en capítulos anteriores impidiendo la relajación y activando un estado permanente de «estar en guardia».

Juana, «la niña que nunca lo fue»

Desde los seis años, Juana se vio obligada, sin apenas conciencia, a calmar a su madre cuando lloraba y le contaba cómo la trataba su familia y el miedo que le daba que la dejasen de querer. Creció asustada por su madre y siempre pendiente de lo que le pudiese ocurrir. Por esa razón, ya desde pequeña, no quería moverse de su lado. Cuando empezó en el colegio, recuerda pasarlo fatal hasta que su madre no venía a buscarla.

Tiempo después entendió que su ansiedad por separación venía dada por su propia preocupación de estar controlando que su madre estuviese bien. Era ella la que calmaba a su madre y le daba consejos, y no al revés, como hubiese sido lo saludable. No había tenido una madre que la orientase ni la apoyase, y cada intento de buscar apoyo en ella traía la misma respuesta: «Tú ya sabes lo que tienes que hacer». Aquello la enfadaba, pero al mismo tiempo se veía obligada a bloquear su enfado. ¿Cómo se iba a enfadar con su madre, con lo frágil y vulnerable que la sentía? Este sentimiento de pena hacia su madre la llevó a reprimir sus propias emociones y a tragárselas.

Un día, Juana dejó de tener hambre y empezó a comer menos. Al principio, no le prestó atención, pero con el tiempo su inapetencia persistió y su peso empezó a reducirse drásticamente. Empezó a sentirse bien sin comer, como si se hubiese acostumbrado. Era algo así como si el cuerpo no pidiese comida y no la necesitase. La bajada de peso se convirtió en algo obvio por la rapidez con la que iba. Estaba estudiando en la universidad y sus compañeras de residencia empezaban a hacerle comentarios acerca de lo delgada que la veían. No solía ir a casa todos los fines de semana, solo aquellos que por clases o vacaciones le cuadraban bien, de manera que sus padres no sabían lo que estaba ocurriendo. Cuando llegó el momento de visitarlos y vieron su extrema delgadez, se quedaron aterrorizados de preocupación. Su madre no paró de llorar y su padre, un hombre parco en palabras, se quedó completamente alarmado por el estado de su hija. La pérdida de peso a esas alturas estaba entrando en riesgo. Había desarrollado una anorexia que todos pensaban que era nerviosa, un trastorno alimentario en el que la persona mantiene una negativa a comer con la idea de cambiar su cuerpo y sus dimensiones. Quien padece este tipo de anorexia se ve con un peso desproporcionado, presenta distorsión de la imagen y no tiene conciencia de enfermedad.

Sin embargo, Juana, desde el principio, repetía y repetía que lo que a ella le ocurría era diferente, que no padecía anorexia nerviosa. Insistía en que veía el estado de su cuerpo y que no le gustaba verse en esas condiciones. Insistía en que su problema era que no podía comer, pero que tenía la voluntad de hacerlo. Nunca había sido una niña con sobrepeso y jamás había hecho dieta, nunca la

EL APEGO Y LAS RELACIONES PSICOSOMÁTICAS

había necesitado. Insistía en que no le entraba la comida y no entendía por qué.

Llegó a los treinta y seis kilos y a esas alturas nadie la creía ya. Recuerdo que me dijo: «¿Sabes qué? Cuando te diagnostican anorexia nerviosa todo lo que digas irá en tu contra y te conviertes en una manipuladora que lo único que quieres es mentir para no comer». Ese no era su caso, ella veía su cuerpo en el estado de caquexia (delgadez extrema) en el que estaba. Sin embargo, algo le impedía comer.

Tuvo que dejar de estudiar y regresar a casa. El peso era extremo y ya no podía estar sola ni salir a la calle. Apareció inflamación en el hígado y el corazón daba síntomas de bradicardia. Se plantearon el ingreso hospitalario y la sonda nasogástrica (nutrirla a través de una sonda por la nariz) para su recuperación. Juana entró en cólera y se negó a ingresar. Debido a la autoridad que había ganado a lo largo de los años en su familia, sus padres no sabían cómo enfrentarse a ella, ni siquiera para cuidarla. Era tarde para obligar a una niña, «la niña que nunca lo fue», a hacer algo que no quería hacer.

Finalmente, decidió que aceptaría ponerse a tratamiento con alguien que la creyera. Cuando encontró a la profesional, por fin se sintió entendida. No tenía una anorexia nerviosa restrictiva, sino una anorexia emocional (un trastorno somatomorfo que transforma las heridas emocionales de vida en síntomas físicos de enfermedad). Ese día sintió que aquello tenía sentido para ella: lo que había tragado en su vida a nivel emocional le ocupaba todo el espacio y no le dejaba comer. Era estudiante de Medicina y comprendía que su cuerpo no estaba bien, pero sabía que no padecía un trastorno alimentario y que los criterios no le correspondían.

Al principio, la psicoterapia le resultó complicada. Tenía que hablar de su familia y de temas relacionados con su madre y se le activaba la defensa de lealtad. Se sentía culpable cada vez que intentaba decir que en su vida le faltaban cosas, hasta que en un momento pudo entender que todo aquel proceso no era para su madre ni para su padre. Aquel era su espacio y allí estábamos para hablar de cómo todo lo que explicaba le afectaba a ella. No estábamos allí para juzgar a nadie, ellos lo habían hecho lo mejor que habían podido, tenían sus propias mochilas, pero ella no se podría hacer cargo de todas ellas por mucho que se empeñase.

Poco a poco llegó la recuperación. Los hábitos alimentarios se fueron restableciendo y la familia pudo entender mejor el duro proceso de Juana. Acabó la carrera y se convirtió en médica internista, una profesional excepcional que entiende y atiende a sus pacientes desde la experiencia, y sabe que hay síntomas que pueden tener un trasfondo más allá de la parte física del órgano afectado.

Familias que presentan ansiedad por enfermedad

En la infancia de las personas que somatizan, suele haber un clima familiar en el que se presta especial atención a la enfermedad. Las sensaciones físicas en estas familias se viven con preocupación y ansiedad, una tendencia que puede aprenderse a edades tempranas.

Los niños en estos entornos pueden presentar problemas gastrointestinales, tener frecuentes consultas médicas y ausentarse de la escuela. Reciben refuerzos y gratificaciones cuando están enfermos, lo que modela su percepción de la enfermedad en la familia. Por ejemplo, estudios sugieren que el desarrollo del síndrome de intestino irritable puede estar influenciado por el aprendizaje en la infancia, donde los padres se quejan frecuentemente de problemas intestinales, como el estreñimiento.

Las actitudes frente a la enfermedad se aprenden desde la infancia. Por ejemplo, un padre que se mira en el espejo y se ve pálido e, inmediatamente después, revisa la parte interna de los ojos buscando el color rojo intenso que le indique que está saludable transmite a sus hijos la idea de que el cuerpo es peligroso y sus sensaciones pueden ser dañinas. Los hijos aprenden a vivir sensaciones normales como síntomas de enfermedad, interiorizando la ansiedad y la preocupación que ven en sus padres.

Familias con abuso emocional

No es necesario golpear para hacer daño. Una palabra duele, el silencio duele, un chantaje emocional duele, el desprecio duele, la indiferencia duele, el que nos culpabilicen como forma de controlarnos duele. Hay familias que utilizan estas formas de crianza porque no han aprendido a hacerlo de otro modo y porque es lo que ellos mismos recibieron, tal vez sin ser conscientes del dolor que causan a su paso.

Existen familias que solo se saben comunicar de manera emocionalmente abusiva. Dentro de este tipo de abuso las figuras de apego tienen comportamientos de control y manipulación, lo que incluye humillaciones, insultos y amenazas. Aparecen prohibiciones de ver a ciertas personas, insultos, ataques verbales, el control continuo acerca de la ropa que te pones, lo que comes, la invasión de espacios personales (leer diarios íntimos, mirar el móvil, espiar el correo), las amenazas con miedo, culpa o vergüenza… Todo este cóctel acaba generando a quienes lo sufren una autoestima dañada y una idea distorsionada de sí mismos.

Para convivir con este abuso, o bien se someten a él, o bien se rebelan. Sea cual sea la reacción, desarrollan un esquema de víctima que los acompañará toda la vida, ya que no han aprendido a defenderse del abuso emocional desde la infancia y, a menudo, ni lo perciben como tal. Es decir, aun cuando ya no están en el núcleo familiar, pueden volver a ser víctimas de abuso emocional por parte de otras personas sin saberlo. A veces, la manera en la que esta situación sale a la luz es mediante síntomas físicos de enfermedad que no tienen ninguna explicación médica, y que hacen ver a quienes los padecen que algo pasa en su vida para estar enfermos «sin motivo» aparente. Son frecuentes la ansiedad crónica, las somatizaciones constantes, el dolor crónico, los problemas gastrointestinales, las cefaleas tensionales y las migrañas, las cistitis por repetición y otras múltiples causas médicas.

Roi y la luz de gas

Roi es un buen chaval al que todo el mundo aprecia porque tiene un carácter estupendo. Es amable y tranquilo, y eso facilita mucho sus relaciones sociales. Viene de una familia en la que ha aprendido a hacerlo porque el estilo de crianza ha sido desde la culpa y la amenaza. Aprendió a callar, a pasar desapercibido, a desarrollador un «yo escondido» interno para no mostrarse, ya que cuando lo hacía lo lastimaban. En su familia, las palabras dolían, los silencios cuando no actuaba según lo esperable dolían, las miradas de desprecio también, pero sobre todo lo que dolía era la «luz de gas». Es decir, había una tendencia a quitarle la razón con comentarios como «pero eso no pasó así» (aunque sí hubiese sido así) o «eso nunca ocurrió» (aunque sí hubiese sucedido). Esto lo convirtió en una persona que dudaba constantemente de sí mismo, lo cual le acarreó múltiples complicaciones a nivel social. Sentía confusión constante y tenía dudas sobre si lo estaban manipulando.

Sufría de intensa ansiedad y se atrapaba, pero solo en aquellas situaciones en las que le decían que las cosas no eran como él las veía, ya que entraba en una inseguridad que le hacía sufrir muchísimo. Se trataba de situaciones que le disparaban las experiencias vividas en casa con todo el abuso emocional y la constante «luz de gas».

Comenzó a trabajar como soldador en una empresa, pero tuvo la mala suerte de tener un jefe con pésimas habilidades de liderazgo, que lo humillaba. Esta mala experiencia le provocó una gran fatiga, irritabilidad, dolores musculares y articulares, además de oscurecimientos en la piel y un episodio en el que casi se desmaya. Tras acudir al médico y someterse a pruebas, fue diagnosticado con la enfermedad de Addison. Esta es una enfermedad autoinmune que se manifiesta gradualmente durante varios meses. Inicialmente, avanza lentamente y los síntomas no se detectan hasta que un episodio de estrés intenso la revela. La enfermedad ocurre cuando las glándulas suprarrenales, ubicadas sobre los riñones, no producen suficientes hormonas, especialmente cortisol (la hormona del estrés) y aldosterona (que ayuda a regular la presión sanguínea). Esto suele ser consecuencia de un problema inmunitario en el que el propio sistema ataca erróneamente sus tejidos, dañando las glándulas suprarrenales.

Cuando Roi recibió el diagnóstico, sintió que el mundo se le venía encima y desarrolló una depresión que en realidad había estado presente en su vida desde la infancia, como un río subterráneo. Comenzó un tratamiento de psicoterapia para la depresión, pero no sabía que esto era el inicio de un proceso de autoconocimiento, confianza en sí mismo y empoderamiento, con el que saldría del sentimiento de indefensión en el que había vivido durante tanto tiempo. Comprender la enfermedad fue un reto para él, pero lo ayudó a cambiar su percepción de la vida. A medida que se recuperaba de la depresión, decidió ver su enfermedad como una oportunidad de cambio. Aprendió que su cuerpo codificaba erróneamente la información y atacaba sus propios tejidos, lo que lo llevó a encontrar metáforas psicosomáticas sobre cómo su cuerpo reaccionaba y cómo él no lo había hecho en su propia vida.

«Quizá si empiezo yo a hacer fuera lo que mi cuerpo hace dentro, este dejará de hacerlo y empezaré a mejorar», pensó. Y, de hecho, así fue. Con el tratamiento adecuado y una reducción del estrés, los síntomas mejoraron significativamente. Roi pudo comenzar a llevar una vida normal y a buscar un nuevo trabajo.

Familias con figuras de apego narcisistas

El narcisismo se refiere a un patrón de pensamientos y comportamientos caracterizados por una autoadmiración excesiva, una gran necesidad de atención y una búsqueda de admiración por parte de los demás. Dentro de los diferentes estilos de familias encontramos las figuras de apego narcisistas. Se refieren a aquellos cuidadores que, en la dinámica de relaciones, especialmente en las de apego (como las relaciones familiares, de pareja o incluso amistades cercanas), exhiben características narcisistas que afectan significativamente a la forma en que se desarrollan estos vínculos. Estas figuras pueden influir en el desarrollo emocional, en la formación de la personalidad y en los patrones de relación de aquellos a quienes están vinculados, especialmente niños y adolescentes, pero también adultos más vulnerables. Suelen ser figuras que aparecen con frecuencia en las historias de las personas que desarrollan trastornos psicosomáticos, somatomorfos y enfermedades autoinmunes a causa del daño del vínculo a lo largo del tiempo. Algunas de las características de estas figuras son:

- Falta de empatía. No reconocen o responden adecuadamente a las necesidades emocionales de los otros, especialmente de sus hijos o dependientes.
- Tienen una percepción inflada de sí mismos y buscan constantemente admiración y validación de los demás.
- Manipulación. Utilizan a las personas a su alrededor, incluidos sus hijos, para cumplir sus propios deseos y necesidades.
- Intentan controlar la mayoría de los aspectos de la vida de sus hijos o dependientes, a menudo justificándolo como «por su bien».
- Evitan tomar responsabilidad por sus acciones, especialmente cuando estas tienen consecuencias negativas.
- Reaccionan negativamente a la crítica y pueden ser extremadamente defensivos.
- Pueden alternar entre poner a alguien en un pedestal y devaluarlo drásticamente, basándose en cómo se sienten respecto a esa persona en un momento dado.

Podemos ver ejemplos en situaciones como:
- Un padre que utiliza los logros de su hijo para inflar su propia autoestima, ignorando las necesidades y sentimientos del niño.

- Una madre que critica constantemente a su hijo y le retira el afecto si no cumple con sus expectativas.
- Un padre que manipula emocionalmente a su hija para mantenerla dependiente y bajo control.

Un caso concreto que puede enmarcarse en el contexto de familias con figuras de apego abusivas es el del síndrome de Münchhausen por poderes (SMPP). Se trata de un trastorno en el que una persona, generalmente un progenitor, desarrolla un vínculo tóxico, induce o finge síntomas en otra persona, típicamente su hijo, para recibir atención a través del rol de cuidador. En los niños, las señales pueden incluir síntomas médicos inexplicables que no se corresponden con los resultados de los exámenes, numerosas visitas a médicos y hospitales y la realización de múltiples pruebas innecesarias.

Luis y el síndrome de Münchhausen por poderes

Cuando Luis era pequeño, su madre le miraba todos los días la fiebre, estuviera o no enfermo, buscando precisamente que lo estuviese. Él lo recuerda así: «Me decía constantemente que me veía con mala cara o la piel amarillenta, y por ello me daba vitaminas o paracetamol por su cuenta, por si acaso me subía la fiebre. La pastilla siempre me provocaba dolor de estómago, lo que ella tomaba como confirmación de que estaba enfermo, y se alegraba, creyendo que su instinto materno la ayudaba a adelantarse a mis enfermedades. Era una situación muy confusa, y, aunque me daba cuenta de lo absurdo, yo era muy pequeño y me costaba comprenderlo. Me tomó tiempo hasta que pude negarme a todo aquello».

El estrés y la manipulación en los que viven estos niños y el trauma que les provoca pueden hacer que desarrollen síntomas psicosomáticos asociados a su estado emocional, lo que complica y perpetúa el vínculo tóxico con la figura de apego. En la edad adulta las personas que han recibido este tipo de abuso en la infancia llegan a desarrollar trastornos psicosomáticos y enfermedades autoinmunes, pueden tener una gran necesidad de atención y cuidado, y exigir la misma demanda generada por la figura de apego. La búsqueda constante de atención médica en la vida adulta se convertiría en una forma de replicar el entorno de cuidado que experimentaron, aunque de manera inconsciente.

Las heridas de infancia

Como hemos visto en el apartado anterior, existe una relación entre las experiencias adversas de vida y las enfermedades psicosomáticas. En este sentido, es conveniente que hablemos de las heridas emocionales. Se trata de un tipo de heridas invisibles, pero que impregnan la manera en que nos percibimos a nosotros y al mundo que nos rodea. Están muy relacionadas con los estilos de apego de los que acabamos de hablar y, de hecho, podríamos decir que son las consecuencias del apego que recibimos y que, con los miedos y creencias que acarrean, refuerzan a su vez dicho estilo de apego.

Todos podemos presentar estas heridas, que a veces serán más obvias y otras veces más sutiles, algunas personas tendrán una y otras varias, pero lo que sí sabemos con total seguridad es que las empezamos a desarrollar en la infancia y en la preadolescencia (salvo en algunos casos en los que se presentan en la edad adulta). Se suelen generar por el dolor que sentimos durante la niñez, no tanto por las situaciones vividas, sino por nuestra interpretación de ellas. Es decir, sufrimos por nuestros recuerdos de lo ocurrido y no tanto por lo que sucedió en realidad.

La clasificación de las heridas de infancia más habitual es la propuesta por John Bradshaw y Lise Bourbeau, que conceptualizan cinco heridas: la herida de abandono, la de rechazo, la de injusticia, la de humillación y la de traición.

- Herida de abandono.
- Herida de rechazo.
- Herida de injusticia.
- Herida de humillación.
- Herida de traición.

La herida de abandono

Esta herida surge cuando experimentamos abandono emocional, físico o psicológico en la infancia, lo que genera una sensación de desamparo y soledad.

Por ejemplo, un niño puede sentirse abandonado si sus padres atraviesan un divorcio, si uno de los dos deja de estar presente, si un miembro de la pareja fallece o si siente que sus cuidadores no lo protegen. Otras actitudes que pueden provocar sensación de abandono en la infancia son las de no escuchar con interés, no dedicar tiempo a jugar con ellos o retirarles el afecto como castigo por portarse mal. Cuando somos pequeños no tenemos recursos para explicar estas situaciones. Es decir, un niño no piensa que su madre tiene mucho trabajo y por eso no viene a casa, sino que lo vive como un abandono real. Durante la infancia lo captamos todo a nivel emocional, lo que puede dejar una huella inconsciente pero profunda, asociada a una inmensa sensación de vacío. Esta herida se suele relacionar con el estilo de apego desorganizado y ambivalente, y sus consecuencias son un excesivo miedo a la soledad, a la inseguridad y a que de repente no los quieran.

Toda la experiencia emocional que deja esta herida se puede transformar y desplazar hacia síntomas físicos debido al daño que provoca la intensidad constante de las emociones en el cuerpo. Conocer esto nos ayuda a entender que si trabajamos el vacío y la herida donde se localiza podemos reparar la causa original del estrés.

La herida de rechazo

El rechazo es una experiencia emocional negativa que se provoca cuando no nos aceptan, nos excluyen o apartan. Esta experiencia puede tener muchas formas y darse en diferentes contextos, desde relaciones personales hasta entornos profesionales y sociales. Es posible que surja en la infancia cuando las figuras de apego se enfadan si el niño expresa sus emociones, si lo silencian, lo avergüenzan o lo comparan con sus hermanos haciéndole ver que es peor. Al interiorizar lo que recibe de sus padres, desarrolla la creencia de que todo el mundo lo rechaza, aunque no sea así.

Como mecanismo de protección, quienes sufren herida de rechazo intentan hacer siempre lo que los demás esperan, ya que es la forma de sentirse aceptados, porque creen que si se muestran tal y como son los rechazarán aún más. Como resultado, surge la vergüenza y la sensación de ser insuficientes, además de la búsqueda continua de validación y aprobación.

Investigaciones recientes sugieren que el rechazo provoca una activación en áreas del cerebro asociadas con el dolor físico, como la corteza insular posterior dorsal. Por lo tanto, el rechazo «duele», ya que tanto él como el dolor físico comparten una representación somatosensorial común. Además, otras investigaciones determinan cómo el rechazo por compañeros, como sucede en el *bullying*, puede ser una intensa fuente de estrés que debilita el sistema inmune y hace a la persona más vulnerable a infecciones y enfermedades físicas.

Laura y el *bullying*

Laura tiene quince años, es una buena estudiante y tiene un temperamento tranquilo. Todo parece ir bien en su vida: mantiene a sus amigas de la infancia y destaca en actividades extraescolares como el baloncesto. Sin embargo, un día sus padres empiezan a notar cambios en ella. Le cuesta asistir a los entrenamientos, se muestra más decaída y se queja de dolor de barriga, dolor de cabeza y mareos que empeoran al ponerse de pie. Dice que no puede estudiar porque no logra concentrarse y está agotada todo el día debido a dificultades para conciliar el sueño.

Los síntomas se agravan y cualquier pequeña tarea le resulta un esfuerzo tremendo. Sus padres la llevan al médico y, tras varias pruebas, se confirma que ha desarrollado fatiga crónica, una enfermedad cuyas causas no están del todo claras.

Los padres de Laura no entienden nada, ¿cómo podía haber desarrollado una enfermedad así? Ella siempre había sido una chica sana, buena estudiante, de buen carácter y parecía feliz. La familia está consternada y confundida, sin entender qué pudo haber desencadenado la enfermedad. Los médicos sugieren que podría haber algún factor emocional estresante que haya debilitado su sistema inmune.

Cuando se sientan con ella y le preguntan si algo la ha estado haciendo sentir mal últimamente, Laura rompe a llorar y les cuenta una situación de *bullying* que ha estado sufriendo durante el último año. Sus amigas de la infancia dejaron de hablarle sin razón aparente y pusieron a todo el mundo en su contra. Ha recibido insultos y humillaciones, quedándose completamente sola. Se siente muy rechazada y le duele mucho hablar de ello. Sus padres se sienten culpables por no haber notado nada y le preguntan por qué no se lo contó antes. Ella responde: «No quería preocuparos con algo que debería haber resuelto yo».

Laura sentía vergüenza, un sentimiento que varios estudios han demostrado que contribuye a la somatización y que es una experiencia emocional muy común en las víctimas de *bullying*. A través del rechazo, quienes sufren acoso entran en contacto directo con la vergüenza y con la tendencia a somatizar, desarrollando creencias como: «Soy rechazable, hay algo malo en mí, no valgo, no soy como los demás, soy insuficiente, no pertenezco». Cuando la situación no cesa, estas creencias perpetúan los síntomas físicos asociados a su estado emocional.

Si logramos identificar la herida de rechazo en nuestra vida evitaremos el desarrollo de comportamientos de compensación como, por ejemplo, la evitación de situaciones de rechazo, el aislamiento interno y externo y las conductas con alcohol, tóxicos, comida y deporte excesivo. Es decir, podremos eliminar todo aquello que tape o niegue lo mal que nos sentimos y el bajo autoconcepto que aparece desde el rechazo.

La herida de injusticia

Se refiere a sentimientos de daño, perjuicio o agravio que percibimos por una persona o grupo debido a acciones o situaciones que consideramos injustas. Esta herida es emocional, psicológica, social e incluso física, y suele surgir en contextos donde hay una percepción de desigualdad, discriminación, abuso de poder o violación de derechos.

Puede ser producto de un abuso de poder (donde las figuras de autoridad utilizan el poder de manera inadecuada y abusiva). Se suele dar en figuras de apego frías y autoritarias, exigencia familiar, agresividad en el trato y falta de respeto por parte de entrenadores, profesores en la infancia o adolescencia. Genera sentimientos de ineficacia y de inutilidad. Los rasgos de personalidad que se desarrollan como resultado de esta herida son rigidez, necesidad de poder, perfeccionismo, vacilación en la toma de decisiones, rabia incontrolada y falta de control de impulsos (pasar de un estado normal a un enfado desmesurado) ante situaciones que disparen la herida de injusticia.

Mostremos un ejemplo de cómo se desarrolla una herida de injusticia que se manifiesta en síntomas físicos de enfermedad.

Pol y la migraña

Pol recuerda su infancia a través de la crítica. Con un padre militar y una madre con personalidad narcisista, creció en un ambiente centrado en los errores y carente de valoración positiva.

«Si sacaba un diez en el colegio, no me lo valoraban porque ese era mi trabajo. Pero, si sacaba un nueve con cinco, había bronca por haber bajado y tenía que dar todo tipo de explicaciones por medio punto menos». Así cuenta su historia mientras aprieta la mandíbula y mueve el cuello de lado a lado para liberarse de la tensión que le provoca simplemente hablar de la crítica en su casa.

Nunca pudo quejarse porque rápidamente le respondían con gritos que, de pequeño, le asustaban y le hacían callarse, y de adolescente lo convertían en una persona agresiva cuando sentía que le faltaban al respeto o percibía un trato injusto. Se volvió perfeccionista y rígido en su manera de pensar, características que había aprendido en su educación. En casa, las normas eran estrictas y el aspecto emocional inexistente. La crítica le limitaba la vida, ya que le hacía sentir inferior a los demás y la idea, grabada a fuego, de tener que ser siempre el mejor le provocaba un conflicto importante que se reflejaba en sus migrañas.

Al principio, los episodios de migraña de Pol comenzaban con un aura: veía colores que iban y venían y perdía temporalmente la visión lateral. Estos episodios duraban poco tiempo y, una vez que desaparecían, surgía un dolor de cabeza intenso que solía durar dos o tres días, obligándolo en ocasiones a guardar cama. Cuando llegó a consulta, los dolores de cabeza eran constantes y, a pesar de la medicación, el dolor no desaparecía del todo. Se sentía atrapado por las migrañas. La rabia con la que vivía no lo ayudaba a gestionar ni los síntomas de la migraña, ni las situaciones de la vida, ni sus relaciones con los demás, ni consigo mismo.

Sus características de personalidad, como la preocupación por los detalles, el control, el perfeccionismo, la dificultad para delegar y descansar, y la poca capacidad para expresar emociones contribuían a sus niveles de estrés y al mantenimiento y aparición de los síntomas. Ver que estos aumentaban y que, con la medicación y la dieta, no mejoraban, le hizo tomar conciencia de la necesidad de empezar tratamiento psicológico. El primer día de psicoterapia me dijo: «He leído un dicho sufí que dice: "No te quedes con lo que ves ni con lo que oyes, aplica tus capacidades y arriésgate a probar"».

Así comenzó su proceso terapéutico. Este dicho sufí le había hecho reflexionar mucho sobre lo que le estaba sucediendo. Entenderse para dar sentido a sus síntomas, conectar con su cuerpo y perder el miedo a sentir las emociones, guardadas durante años de contener la rabia y la sensación de injusticia por el trato recibido de sus padres, fueron pasos que poco a poco lo llevaron a alcanzar los objetivos que buscaba en psicoterapia: reducir la sintomatología y mejorar la efectividad de la medicación. Con el tiempo, las migrañas apenas aparecían y, cuando lo hacían, eran suaves cefaleas que gestionaba sin problema.

Cuando somos víctimas de una herida de injusticia necesitamos reconocimiento, validación y sensación de ver que nos entienden desde nuestra herida. Que nos ayudan a reparar aquello que quedó injustamente atrapado dentro de nosotros. Aquello de lo que el cuerpo necesita deshacerse, pero la cabeza no puede debido a nuestras propias defensas, por el miedo a sentir intensamente, por el miedo a cambiar y ser diferentes. Pol se arriesgó y tiempo después reconoció que aquel dicho sufí le había cambiado la vida.

La herida de humillación

La humillación ha sido descrita como el «boom nuclear de las emociones» debido al impacto extremadamente negativo que tiene en el bienestar psicológico y en la salud de nuestra vida social. Esta herida se refiere a una lesión emocional profunda que surge como resultado de experiencias de vejación y desvalorización por parte de otras personas, ya sea en el ámbito familiar, escolar, laboral o social.

En la infancia, puede que la figura de apego bromee sobre aspectos del hijo, lo que le hace sentir torpe, inferior, malo. Puede ser habitual que cuenten anécdotas sobre sus errores a personas cercanas y se rían de él, y que esas críticas mezcladas con el humor calen. Como para un niño es muy complicado entender qué es una crítica y qué es solo una broma, puede que le resulte difícil reconocer determinadas situaciones como humillantes, aunque le estén dejando una huella emocional y fomenten una idea de amor poco sana. Esta herida tiene repercusiones significativas en nuestra autoestima y confianza, y puede afectar a la forma en la que nos relacionamos con los demás y con el mundo.

La herida emocional causada por la humillación está estrechamente ligada a emociones intensas como la vergüenza, las cuales tienen un profundo impacto en nuestro sistema nervioso. Estos patrones emocionales estresantes pueden desencadenar enfermedades inflamatorias, incluida la enfermedad inflamatoria intestinal. El intestino no solo cumple funciones digestivas, sino que también actúa como un sistema sensorial complejo, con su propio sistema nervioso, que se conecta estrechamente con los centros emocionales del cerebro. Esto significa que experiencias traumáticas como la humillación pueden contribuir a un estado de inflamación y a niveles reducidos de cortisol en la edad adulta.

Manuela y la vergüenza

Manuela llega a consulta a los treinta y ocho años, pero desde temprana edad ha padecido problemas intestinales que le causan dolor constante, molestias y limitaciones en su vida.

Su historia está profundamente marcada por el desarrollo temprano de sus pechos. A los once años, cuando comenzó a menstruar, su cuerpo empezó a cambiar rápidamente. Sus pechos crecieron considerablemente en pocos meses, atrayendo miradas sexualizadas que no podía comprender, dada su corta edad, y que la hacían sentir incómoda, tanto de hombres de su entorno familiar como de personas externas. Se sintió asustada y perdida. «Solo quería mi cuerpo de antes, como el de mis amigas», solía decir.

EL APEGO Y LAS RELACIONES PSICOSOMÁTICAS

Con el tiempo, la vergüenza que sentía se intensificó. La peor parte de su historia fue la humillación que sufrió en el colegio. A los doce años, ya tenía un cuerpo de mujer, aunque seguía sintiéndose como una preadolescente. El colegio católico en el que estudiaba, dirigido por monjas, no entendía cómo el uniforme obligatorio no le quedaba igual que a las demás niñas. Durante sus años escolares, escuchó comentarios humillantes tanto de profesoras como de compañeras sobre la visibilidad de sus pechos, lo que la llevó a desarrollar una postura encorvada para tratar de ocultarlos.

Con el tiempo, se volvió introvertida y con escasa vida social, en gran parte debido a la falta de apoyo familiar. Cuando intentaba expresar cómo se sentía en casa, le decían que las otras chicas le tenían envidia y que las profesoras no guardaban malas intenciones. Ante la carencia de soporte familiar, se desconectó de su cuerpo y, con él, de las emociones de vergüenza y rabia que nunca expresó y que tanto la hacían sufrir. Describió cómo, en cierto momento, se sentía como si se hubiera «enfriado».

Desde esa época, padeció estreñimiento y episodios de diarrea que se volvieron normales para ella. Con el tiempo, los síntomas se agravaron con sangrados y una diarrea persistente. Finalmente, tras perder mucho peso, buscó ayuda médica y le diagnosticaron enfermedad inflamatoria intestinal. Comenzó un tratamiento que inicialmente no dio resultados satisfactorios, por lo que decidió complementarlo con psicoterapia para explorar posibles influencias emocionales en su enfermedad.

Al abrir la herida de su infancia durante la psicoterapia, todo comenzó a tener sentido para Manuela. Relacionó su vida adulta con la represión y el desplazamiento del sufrimiento que había vivido durante años. Se permitió expresar la rabia que mantenía oculta por la humillación sufrida, la falta de apoyo de su familia y el abuso de poder de las monjas, quienes constantemente la avergonzaban junto con sus compañeras. «Siento una profunda pena por la niña que fui. Una niña de once años no se merece pasar por lo que yo pasé ni convertirse en la adolescente avergonzada que fui», confesó. Experimentó pena por todas las etapas de la vida que sintió que había perdido.

La herida de humillación puede estar asociada a situaciones como:

- Familias de estilo crítico, perfeccionista y con falta de empatía, en las que se utiliza el desprecio en la comunicación tanto verbal como de gestos. Hay falta de respeto, sensación de no ser tenidos en cuenta y sentimiento de vergüenza, de hacerlo mal y ser inadecuados.
- *Bullying* o haber sido objeto de burlas, insultos o exclusión por parte de compañeros.
- Abuso emocional en el que constantemente nos sentimos criticados, como le ocurría a Pol, en el ejemplo de la herida de injusticia.

- Abuso sexual, miradas sexualizadas constantes donde se juntan casi todas las heridas de infancia, sobre todo cuando el abusador es alguien querido o cercano.

Las manifestaciones psicosomáticas de la herida de humillación a largo plazo debido a los diferentes disparadores de vida que activa pueden variar, pero algunos síntomas físicos comunes pueden incluir:
- Problemas digestivos, debido a que la humillación causa tensión emocional en el estómago. Cuando las emociones son difíciles de digerir debido a la intensidad con la que se presentan, pueden causar problemas como el síndrome de intestino irritable, úlceras o gastritis.
- Dolores musculares. La tensión emocional puede acumularse en el cuerpo, causando dolores musculares, especialmente en el cuello, los hombros y la espalda. Son habituales las posturas que corporizan la vergüenza y que hacen que el cuerpo sufra, por ejemplo: rotación de hombros y colapso en el pecho haciendo que duelan las cervicales, provocando mareos y debilidad, cefaleas tensionales y tensión debido a la postura en el cuerpo.
- Problemas en la piel, psoriasis y dermatitis relacionadas con las dificultades emocionales que provoca la humillación.
- Problemas respiratorios. Existen estudios que conectan los problemas como el asma o problemas alérgicos respiratorios con las emociones de vergüenza y culpa asociadas a esta herida.

La herida de traición

Las víctimas de trauma son más propensas a desarrollar problemas psicológicos y físicos si el evento traumático incluye el elemento de traición. Esta herida se produce cuando las personas o instituciones en las que confiamos para nuestra protección, recursos y supervivencia violan nuestra confianza o nuestro bienestar.

Cuando el trauma se desarrolla en la infancia, a menudo el cuidador no cumple sus promesas o dice que va a hacer una cosa y hace otra. El niño va interiorizando la idea de que no puede confiar en la figura de apego, lo que le provoca inseguridad y un estado de hiperalerta. Piensa que no es posible estar tranquilo porque en cualquier momento podría suceder algo malo, o que la calma podría ser una farsa y que le están ocultando algo. Quienes sufren herida de traición se muestran suspicaces y no confían en las buenas intenciones de los demás, lo que los llevaría a estancarse en el resentimiento y a una gran necesidad de control.

Como veremos en más detalle en el siguiente capítulo, es habitual que, para preservar la relación con el cuidador, los niños con herida de traición desarrollen disociación. Es decir, que necesiten separar las experiencias traumáticas de su consciencia para poder preservar la conexión con su figura de apego.

En el campo somático, el trauma de traición aumenta la probabilidad de desarrollar problemas de tipo gastrointestinales (intestino irritable y úlceras gástricas) y pseudoneurológico (como dificultad para tragar, sensación de nudo en la garganta, afonía y pérdida de sensibilidad táctil), entre otros.

Lily y la herida de traición

Lily es una mujer exitosa en su trabajo, buena amiga de sus amigos y que cuenta con una amplia red social que considera muy importante. En el ámbito familiar, su madre y su familia materna son su gran apoyo a todos los niveles. Sin embargo, Lily sufre de cistitis intersticial (CI), también conocida como síndrome de vejiga dolorosa, una afección orgánica crónica y debilitante del tracto urinario que se caracteriza por dolor en la vejiga y la pelvis, así como por la necesidad de orinar frecuentemente, incluso con la vejiga vacía. A menudo se confunde con una infección urinaria recurrente debido a la similitud de los síntomas, pero no lo es. A diferencia de la infección urinaria, la cistitis intersticial no está causada por bacterias y no responde a los tratamientos con antibióticos convencionales.

Lily fue diagnosticada muy tardíamente. Cuando comenzaron los síntomas, le prescribían tratamiento para una cistitis por infección; se curaba, pero la infección se repetía. Los primeros síntomas aparecieron cuando era solo una niña y se atribuían a enfriamientos o infecciones habituales sin importancia, pero aquello fue el principio de algo que permaneció a lo largo de los años. A nivel médico, probaron diferentes opciones, incluido un tipo de vacuna a la que su cuerpo reaccionó con efectos secundarios intensos que la debilitaron durante meses. Los intentos para detener los síntomas (molestia constante en la vejiga y pelvis, dolor y urgencia al orinar, y daño en las relaciones sexuales) fueron infructuosos, lo que limitaba su calidad de vida debido a la persistencia constante de los síntomas. Había temporadas en las que se sentía bien y apenas notaba molestias, pero en otras los repuntes intensificaban los síntomas, dejándola con gran debilidad y falta de energía.

Cuando llegó por primera vez a psicoterapia, Lily se presentó con todos los síntomas no solo de la CI, sino también muy afectada a nivel emocional. Describía altos niveles de ansiedad y un gran enfado. El factor que la había llevado a buscar ayuda en ese momento y no antes, a pesar de haberlo considerado por su enfermedad, fue descubrir la infidelidad de su marido. Una semana antes, mientras tomaba café con sus amigas, vio a su marido desde la ventana de la cafetería, de la mano de otra mujer, deteniéndose a besarse en plena calle. Esto la dejó totalmente desconcertada y bloqueada. A partir de ese momento, los síntomas de la CI se intensificaron hasta el punto de dificultarle salir a la calle debido al dolor indescriptible y la presión en la pelvis.

Me contó cómo llamó a su marido en ese mismo momento y él se disculpó por haberse tenido que enterar de esa manera, pero le confirmó que estaba enamorado de otra mujer y quería separarse. La traición que Lily sintió en ese momento fue tan intensa que, según sus palabras, era como si algo le hubiese atravesado el corazón y dudaba de poder superarlo. Sabía que, con ese disgusto, la CI iba a empeorar por mucho tiempo. Quise saber si se sentía lo suficientemente bien para contarme más, y me dijo que sí, de modo que le pregunté cuándo habían empezado los síntomas de la cistitis.

Me respondió que desde pequeña había padecido infecciones urinarias, pero algo leve, como las que habitualmente puede sufrir el resto de las personas. Con el tiempo, esas infecciones se convirtieron en la CI. Le pregunté si había sufrido alguna otra traición en su vida antes de esta, y con cara de sorpresa respondió: «Mi padre, él ha sido la mayor traición que he vivido antes de esto que me está pasando».

Comienza su relato: *Mi padre era mi héroe. Me ayudaba con los deberes, jugaba conmigo, me llevaba al cine, y yo lo adoraba. Cuando tenía nueve años, estaba viendo la televisión y quise ir al baño a hacer pis, pero oí a mi padre que estaba dentro hablando por teléfono. Le estaba diciendo a alguien: «Te quiero, estoy loco por ti y deseando estar contigo este fin de semana». Tenía muchas ganas de hacer pis, pero me aguanté. Me quedé congelada, sin entender lo que pasaba, pero sabía que estaba mal. Mi padre solo decía esas cosas a mi madre. Cuando salió del baño esperé a que se fuese y entré con dolor de barriga por aguantar tanto las ganas de hacer pis.*

Nunca le conté a nadie lo que escuché, ni siquiera a mi madre. Mi padre ese fin de semana no vino a casa. Le pre-

gunté a mi madre dónde estaba papá y ella me respondió que viajaba por trabajo. Yo sabía que no era verdad, pero me guardé el secreto. Sentía que le estaba mintiendo a mi madre, pero no se lo podía decir porque hacerlo era ser desleal a mi padre.

Poco después, mi padre le dijo a mi madre que quería separarse. Ella se deprimió y estuvo en cama casi medio año. Me sentía culpable por no haber dicho nada. Cuando mi padre se fue, empecé a tener dolor de barriga y las primeras infecciones de orina. Aunque los médicos me dieron pastillas, las infecciones se repetían. Supongo que el abandono de mi padre y la depresión de mi madre no ayudaron.

La culpa de lo sucedido sigue dentro de mí, aunque racionalmente sepa que no tuvo nada que ver conmigo, siento una presión constante en el cuerpo. La traición que sentí por parte de mi padre fue muy dolorosa. Mi madre enfermó y mi padre nunca se interesó por mí. Mis tías y mi abuela nos cuidaron y, con el tiempo, nuestra vida encontró una nueva normalidad. Mis cistitis cesaron, apareciendo solo en momentos de estrés o dificultades, algo que ahora intento entender en psicoterapia.

La situación de mi padre hizo que me volviese desconfiada. Durante la adolescencia tuve diferentes traiciones con amistades que me acabaron de confirmar que no se puede confiar en la gente. En esos momentos regresaban con intensidad los dolores en la vejiga y la sensación de tener que ir al baño todo el tiempo. La última vez que empecé a sentir dolor fue con la traición de mi exmarido. La verdad es que la traición en mi vida tiene historia y me estoy dando cuenta de que la CI va de la mano con ella.

Las heridas de infancia hacen que desarrollemos mecanismos de defensa, es decir, protecciones que surgen para cubrir o mitigar el dolor emocional, pero que, a su vez, pueden ser la causa de que se desarrolle, se desplace o se mantenga la parte somática asociada a la herida. Veamos cuáles son:

- Con la herida de rechazo podemos desarrollar la defensa de evitación de todo aquello que nos dispara el rechazo.
- Con la herida de abandono se puede desarrollar dependencia y complacer a los demás para compensar nuestro miedo a que nos dejen y no nos quieran.
- Con la herida de humillación podemos desarrollar sometimiento por miedo a que nos hieran.
- Con la herida de traición es posible desarrollar control y alerta para evitar que nos vuelvan a dañar.
- Con la herida de injusticia podemos desarrollar rigidez y rabia constante que nos ayuda a proteger de futuras situaciones en las que nos sintamos injustamente tratados.

Cuando las heridas de infancia son el origen de la psicosomática el camino no siempre es fácil, requiere vulnerabilidad y voluntad para enfrentarse al pasado. Sin embargo, las recompensas son inmensas. Al curar las heridas más antiguas, promovemos la capacidad de crear nuevas conexiones positivas en diferentes áreas de nuestra vida. Conseguimos crecer, madurar y aprender a canalizar lo negativo de una manera adaptativa evitando desplazarlo al cuerpo y a los síntomas de enfermedad. Para empezar a andar el camino, puede ser una buena idea plantearse las siguientes preguntas:

> ### Cuestionario para detectar heridas de infancia
>
> - ¿Cómo recuerdas tu relación con tus figuras de apego de la infancia?
> - ¿Qué esperaban de ti estas figuras? ¿Te lo comunicaban? ¿Cómo crees que te ha podido influir en el presente?
> - Cuando de pequeño tenías miedo, ¿a quién pedías ayuda? ¿Qué cosas te asustaban? ¿Te siguen asustando?
> - ¿Cuál es la herida de infancia con la que te sientes más identificado?
> - ¿Cuáles han sido las huellas que han dejado?

El trauma familiar heredado

Todos tenemos heridas que nos dejan huella en forma de intensas y persistentes secuelas psicológicas que afectan a nuestro bienestar emocional. Son situaciones ocasionadas por experiencias dolorosas que dejan una marca que lastima profundamente, que puede variar en intensidad según distintos factores como el carácter o la edad, y que generalmente catalogamos como traumas familiares heredados.

Es importante tener en mente que la herida emocional no necesariamente tiene un origen concreto, perfectamente delimitado, o se reduce a un momento específico; es decir, el trauma no necesariamente va ligado a un evento determinado. La herida emocional puede estar ocasionada por situaciones vividas durante varios años, e incluso durante toda una etapa de la vida. El daño puede desarrollarse a lo largo del tiempo, resultado de experiencias continuas de estrés, abuso emocional, negligencia, o de vivir en un entorno crónicamente inseguro o disfuncional.

Como mencionábamos anteriormente, las heridas emocionales están estrechamente enraizadas en nuestra infancia. Cada uno de nosotros ha vivido una combinación única de experiencias, eventos y entornos familiares específicos, y ha desarrollado patrones de apego particulares. Ello genera en nosotros un impacto que persiste en forma de daño que, durante nuestra etapa adulta, tendemos a revisitar de manera inconsciente, como si quisiéramos volver a ese momento, como si quisiéramos revivirlo. Este proceso puede ser una forma de intentar entender y procesar lo que sucedió, o incluso de intentar sanar esas heridas emocionales que aún están presentes en nosotros. Es algo muy humano revisitar estos momentos, ya que sin experimentar ese dolor es muy difícil conseguir procesar y digerir qué causa ese trauma familiar heredado.

A través de las enfermedades psicosomáticas, podemos ver cómo lo no resuelto se puede manifestar físicamente, dándonos pistas sobre qué tipo de herida emocional arrastramos. Cada vez que revisitamos (inconscientemente) ese momento doloroso, esa situación de infancia en la que el trauma se origina, se despiertan en nosotros un conjunto de emociones y reacciones internas, que siempre tienen las mismas características. Volver al mismo sitio conlleva que se despierte lo mismo, ya que nos acerca a la misma herida.

La manifestación de un dolor físico psicógeno puede producirse cuando nuestra «herencia familiar» da señales de vida; es como si, cada vez que el dolor físico apareciera, el trauma familiar llamase a la puerta y lo dejáramos entrar acompañado no solo de dolor emocional, sino también de dolor físico. Aunque no es una tarea nada fácil, nombrar y desenmascarar este trauma familiar adquirido y arrastrado puede solucionar el dolor psicosomático. O, por lo menos, puede ayudar a limitar que estas experiencias dolorosas se repitan en nuestra vida una y otra vez, reduciendo la carga de malestar.

La importancia de nombrar y procesar el trauma familiar reside en el hecho de que es desde esta base familiar desde donde aprendemos a manejar las distintas situaciones vitales que vamos experimentando; nuestra historia familiar no nos es ajena y nos moldea, nos acompaña. Es decir, del mismo modo que es durante la infancia donde se producen y se viven muchas de las situaciones que nos causarán persistentes heridas emocionales, también es desde la infancia que adquiriremos herramientas y mecanismos para sobrepasar el dolor. Y, debido a que tendemos a repetir patrones de conducta, si durante la infancia aprendemos a gestionar situaciones dolorosas de una determinada manera, durante la edad adulta lo haremos del mismo modo.

EL APEGO Y LAS RELACIONES PSICOSOMÁTICAS

Decía el poeta italiano Cesare Pavese en *El oficio de vivir* que «la riqueza de la vida está hecha de recuerdos olvidados». Claramente, es en esos recuerdos que hemos dejado atrás donde reside la riqueza de nuestra vida presente: es ahí donde se encuentra la información de lo vivido, de lo sufrido y de lo experimentado. Investigar, indagar y valorar todo lo que ocurrió en relación con la historia familiar pasada facilita entender cómo fue nuestra primera etapa de vida. Para entender nuestro dolor presente es esencial entender nuestra historia preverbal, es decir, aquella parte de nuestra historia que contiene información anterior a la edad en la que aprendimos a hablar.

Debemos tener presente que nuestra vida no empieza a los veinte años, ni a los diez años. Nuestra vida comienza cuando nacemos, de modo que conocer nuestra primera infancia nos acerca a conocer nuestra vida desde el primer momento, ese que también nos influyó (y nos influye). No es lo mismo haber sido un hijo querido y deseado que no serlo; no es igual que nuestra madre haya estado tranquila durante nuestro embarazo a que se haya visto afectada por una situación complicada externa de estrés que la hubiese tenido desconectada de su estado de gestación. Todo nos influye desde el primer momento.

Rachel Yehuda es una destacada neurocientífica y psiquiatra conocida por su investigación pionera en el campo del trauma y el estrés postraumático. Sus estudios han revelado cómo las experiencias traumáticas pueden afectar al cerebro y al sistema nervioso central, además de haber explorado cómo estas experiencias pueden modificar la expresión génica a través de cambios epigenéticos y transmitirse a las siguientes generaciones. La epigenética es como un «interruptor» que controla qué genes se encienden o apagan en nuestras células. Aunque cada uno tenemos nuestro propio ADN, que determina nuestras características físicas, predisposiciones genéticas y otros aspectos biológicos, la epigenética decide qué partes de ese ADN se usan en diferentes tipos de células y en distintos momentos de nuestra vida. Estos cambios epigenéticos pueden ser influenciados por cosas en nuestro entorno, como experiencias de vida o factores ambientales, y pueden afectar a cómo nuestro cuerpo funciona y se desarrolla sin cambiar la secuencia de ADN en sí.

En sus estudios sobre descendientes del Holocausto, Yehuda ha demostrado que las secuelas psicológicas y fisiológicas del trauma experimentado por los sobrevivientes pueden afectar a sus hijos y nietos. Esto sugiere que las experiencias traumáticas pueden dejar una marca en hasta dos generaciones posteriores mediante mecanismos epigenéticos y otros procesos biológicos. Sus investigaciones subrayan que los síntomas y manifestaciones observados son adaptaciones a situaciones estresantes (como las ocasionadas por las guerras) más que indicativos de un daño irreversible, destacando la importancia de la resiliencia y las adaptaciones biológicas en respuesta al ambiente traumático.

Cuando un padre o una madre arrastran consigo un trauma heredado, o han experimentado un apego complicado o roto con su propia madre, ello es probable que afecte significativamente la forma en que establecen un vínculo con su propio hijo. Por ejemplo, imaginemos una ruptura temprana en el vínculo entre una madre y su hija, ocasionada por una estancia muy prolongada en el hospital. Durante este periodo, la niña puede perder la familiaridad con la madre, como su olor, el tacto y el sonido de su voz, aspectos que había comenzado a reconocer y en los que confiaba como fuente de seguridad emocional. Si ello se produce, y se alarga en el tiempo, esta niña arrastrará situaciones dolorosas que fácilmente terminarán por afectarle. Si el día de mañana, cuando sea una mujer adulta, esta niña decide ser madre, su propio hijo se verá afectado por el trauma familiar heredado. Es decir, la respuesta que damos a nuestras situaciones adversas, a nuestras inseguridades, a nuestro dolor y, en general, a nuestras experiencias vitales puede no residir únicamente en nuestra propia historia personal: la historia de nuestros padres y abuelos representa también un papel nada desdeñable a la hora de moldear nuestro carácter.

En relación con la importancia de la historia familiar de nuestros progenitores, Yehuda afirma que las modificaciones epigenéticas causadas por el estrés que heredamos de nuestros padres ocurren antes de la concepción y se transmiten a través del esperma del padre. También sugiere que estos cambios pueden ocurrir en la madre tanto antes de la concepción como durante el embarazo. Además, la edad de la madre en el momento del trauma es un factor significativo a la hora de determinar qué es lo que transmite a sus hijos. De este modo, lo no resuelto, todo aquello de lo que no hemos hablado a lo largo de nuestra vida, esas cuentas pendientes del pasado…, todo ello puede pasar de generación en generación. Hay preguntas que nos pueden proporcionar información para explorarlo:

> ### Cuestionario para detectar traumas transgeneracionales
>
> - ¿Cuál fue el evento no explorado que se produjo en generaciones anteriores y que puede estar asociado a la sintomatología?
> - ¿Cuál o cuáles pueden ser los eventos no resueltos que pueden estar en la base del trastorno?
> - ¿A quién le pertenece el evento no resuelto?
> - ¿Qué posible secreto o secretos pueden estar presentes en la familia?

Pensemos en la Guerra Civil, sin duda alguna, la fuente del trauma transgeneracional heredado más importante de la historia española del siglo xx. Para muchos, la Guerra Civil dejó secuelas emocionales y psicológicas profundas que afectaron no solo a los protagonistas directos, sino también a sus descendientes y a las generaciones posteriores. Las familias quedaron desgarradas, con miles de personas que perdieron a seres queridos, sus casas, sus recuerdos, a la vez que tenían que enfrentarse a la violencia, el hambre y la incertidumbre. Por si fuera poco, los efectos traumáticos del conflicto se prolongaron más allá de los años de lucha armada.

Como conflicto «civil», esta guerra no enfrentó a los ciudadanos contra extranjeros o enemigos desconocidos que no hablasen la misma lengua; todo lo contrario, enfrentó a vecinos, parientes, hermanos cercanos. Décadas más tarde, la principal huella del conflicto siguió siendo la ley del silencio, que impuso una negación obligada de todo lo ocurrido. Esta ley del silencio materializó la cultura de lo no resuelto: no se podía hablar de lo ocurrido, lo que privó a la gente de la posibilidad de expresar lo vivido y lo sufrido. Como consecuencia, el trauma quedó enterrado, olvidado, arrastrado y sin digerir; ni resuelto, ni procesado: sepultado. ¿A dónde fueron todas esas experiencias terribles de guerra vividas? ¿Cómo se liberaron?

Amada y el trauma transgeneracional

Amada García nació el 7 de octubre de 1909 en Mugardos (Galicia). Durante la guerra civil española, fue acusada falsamente de bordar una bandera republicana que tenía en su casa. Su verdadero «delito» era ser una activista valiente y una oradora elocuente que defendía a su comunidad del opresivo clima político en el noroeste de España. Participaba en acciones que raramente estaban asumidas por mujeres, lo cual escandalizaba a los sectores más conservadores de la sociedad. Los celos y envidias de algunas personas, engañando a vecinos que apenas sabían leer, llevaron a su denuncia con pruebas inventadas.

En 1937, fue condenada a muerte por un tribunal militar en un proceso lleno de irregularidades, a pesar de estar embarazada. Fue encarcelada hasta que dio a luz a su hijo Gabriel el 31 de octubre de ese mismo año en el hospital de Caridad. Solo viviría 88 días más, lo justo para amamantar al recién nacido. Su vida terminó trágicamente el 27 de enero de 1938, fusilada contra el muro del castillo de San Felipe de Ferrol. Tenía solo veintisiete años. Se dice que sostuvo a su hijo en brazos hasta el último momento.

Amada, la hija mayor, se convirtió en monja, mientras que Gabriel fue criado por sus tíos después de ser entregado a su abuelo. La vida de Gabriel y Amada está marcada por profundas heridas de injusticia, traición y abandono, pero sobre todo por la pérdida irremplazable de su madre, una herida que nunca sanaría completamente.

Gabriel llegó a la paternidad con un vínculo roto con su propia madre, lo que dificultó la formación de su propia identidad parental. A menudo, es complicado ser padres si aún no hemos resuelto nuestras propias experiencias como hijos. Se casó y tuvo una hija a quien nombró Amada, un nombre cargado con el peso transgeneracional de las mujeres en su vida: era nieta de Amada García, la mujer fusilada injustamente durante la Guerra Civil, hija del hijo que Amada García no pudo ver crecer y sobrina de Amada Toimil, la monja que se retiró del mundo para siempre.

Amada, la nieta, creció en un ambiente de negligencia, abandono emocional y confusión total. Sus padres eran dos personas traumatizadas a su manera. Las fotografías la muestran como una niña con una expresión triste, buscando entender lo que sucedía a su alrededor. Aunque pasó tiempo antes de que tomara conciencia de ello, el peso de la historia familiar siempre estuvo presente en su vida a través del trauma heredado.

«Era el eslabón de una cadena a la que estaba atada sin haberlo elegido». A los quince años, desarrolló un trastorno alimentario, «comía para llenar un vacío tan profundo que parecía no tener fin», un vacío cargado con los secretos familiares que ella llevaba consigo y que intentaba calmar con la comida. Su vida estuvo marcada por proteger a su padre, probablemente debido a la tristeza que siempre vio en él y de la cual de alguna manera se hizo responsable. Su gran sentido de lealtad hacia él la obligaba a protegerlo, impidiéndole pensar en sí misma.

Con el paso de los años, Amada desarrolló una depresión crónica que solo el tiempo y la psicoterapia pudieron ayudar a superar. Las experiencias vividas y las no vividas comenzaron a manifestarse, y más tarde desarrolló síntomas de inflamación con dolor intenso y crisis que limitaban su vida. Sometida a diversas pruebas médicas, le diagnosticaron artritis psoriásica y fibromialgia, ambas enfermedades autoinmunes.

Amada tuvo una vida marcada por la constante tristeza de un duelo que no era suyo, sino de su padre, Gabriel, quien en sus últimos momentos dijo: «Por fin me encontraré con mi madre». Rachel Yehuda dice que las modificaciones epigenéticas inducidas por el estrés pueden venir heredadas del padre y se producen antes de la concepción, lo que vincula con el caso de Amada: su cuerpo, para librarse del trauma heredado, podía haber buscado una vía alternativa y desarrollado síntomas inflamatorios que dieron como resultado las enfermedades autoinmunes y un trastorno de alimentación.

La historia de Amada se compone de heridas de infancia y transgeneracionales que llevan tanto su dolor personal como el heredado. Ella es una persona extraordinaria que convirtió su propio «eslabón» en un trabajo personal que logró liberar con esfuerzo e inteligencia. Se convirtió en madre y abuela, logrando sanar sus heridas.

Capítulo 7
El cuerpo después del trauma

Como ya hemos visto, el cuerpo puede expresar a través de síntomas somáticos lo que la mente no es capaz de procesar o manejar de manera consciente. El cuerpo, por lo tanto, utiliza síntomas físicos como una forma de lidiar con conflictos internos, evitar angustias emocionales o gestionar el estrés de manera indirecta. Hemos hablado de cómo las heridas de infancia pueden dejar huella en nuestras vidas y ser el origen de muchos síntomas y trastornos, ahora veremos cómo el trauma y la disociación representan un papel crucial en estos procesos.

El trauma se define como una herida que deja huella y sobrepasa la capacidad del sistema para procesarlo e integrarlo. El evento traumático puede ser único y ocasional o repetido y acumulativo. Las personas que sufren las secuelas del trauma lo reviven como si estuviesen viviendo en él. Estas secuelas a veces sobrevienen en forma de emociones sin que la persona entienda qué está sucediendo. Pueden venir imágenes del suceso en forma de flashback que atormentan y mantienen a la persona en constante alerta haciendo que el cuerpo permanezca en un estrés continuo y esté bajo los efectos de las hormonas del estrés que el organismo segrega de manera natural con intención de responder rápido ante un peligro.

La severidad del trauma varía de una persona a otra en función de la edad, la sensibilidad, la capacidad de afrontamiento y la presencia de traumas previos. Cuando alguien ha vivido situaciones traumáticas anteriores, existe una mayor vulnerabilidad para desarrollar un trastorno de estrés postraumático.

Traer a la mente algo aprendido o conocido y vivir en el pasado es la diferencia entre revivir y recordar. Recordar un hecho implica que la memoria trae lo sucedido desde el momento presente, reconociendo que es pasado y que ya pasó. Revivir un recuerdo, en cambio, es como si la persona volviera a experimentar lo sucedido. No es consciente de que ya pasó y se vuelve al lugar, al año y al momento del evento, sintiendo de nuevo lo que se sintió entonces. Aprender a recordar, en lugar de revivir, es fundamental para soltar lo que se quiere dejar ir y evitar la sintomatología asociada a no hacerlo.

Revivir el trauma es una señal de que tanto el cuerpo como la mente están intentando superar las experiencias traumáticas. Aunque suele haber una evitación de todo lo relacionado con el trauma, existen situaciones conocidas como «disparadores» que activan y desencadenan recuerdos traumáticos, llegando a ser insoportables para la persona que los sufre.

El trauma como diagnóstico

Para familiarizarnos con el trauma como consideración diagnostica vamos a describir cuáles son los diagnósticos más importantes en su descripción desde el *Manual diagnóstico y estadístico de los trastornos mentales (DSM-5)*.

- **Trastorno de adaptación.** También llamado «una patología de la vida cotidiana», se refiere a diversas reacciones ante situaciones de cambio, amenaza o pérdida frente a las que no es posible adaptarse. Por ejemplo, alguien que pierde su empleo y se siente tan abrumado que comienza a experimentar síntomas de ansiedad o depresión. Es un puente entre la normalidad y lo patológico, ya que muestra cómo la vida diaria puede impactar seriamente la salud mental.

- **Trastorno de estrés postraumático (TEPT).** Se caracteriza por la aparición de síntomas específicos tras la exposición a eventos traumáticos como accidentes de tráfico, desastres naturales o violencia física. Las personas con TEPT pueden revivir el evento traumático a través de recuerdos intrusivos, evitar situaciones que les recuerden el trauma y sentir una constante sensación de peligro.

- **Trastorno de estrés agudo (TEA).** Similar al TEPT, pero se manifiesta poco después del evento traumático y dura entre tres días y un mes. Por ejemplo, una persona que sufre un asalto podría experimentar insomnio, flashbacks y ansiedad intensa inmediatamente después del incidente. Si los síntomas persisten más allá de un mes, se podría diagnosticar como TEPT.

- **Trastorno de estrés postraumático complejo (TEPT-C)**, *diagnóstico de la clasificación internacional de enfermedades (CIE 11)*. Es una forma más compleja de TEPT que resulta de sufrir traumas graves prolongados y repetidos, como abuso infantil crónico, violencia de género o tortura. Además de los síntomas del TEPT, las personas con TEPT-C tienen problemas de regulación emocional, un autoconcepto negativo y dificultades en las relaciones interpersonales.

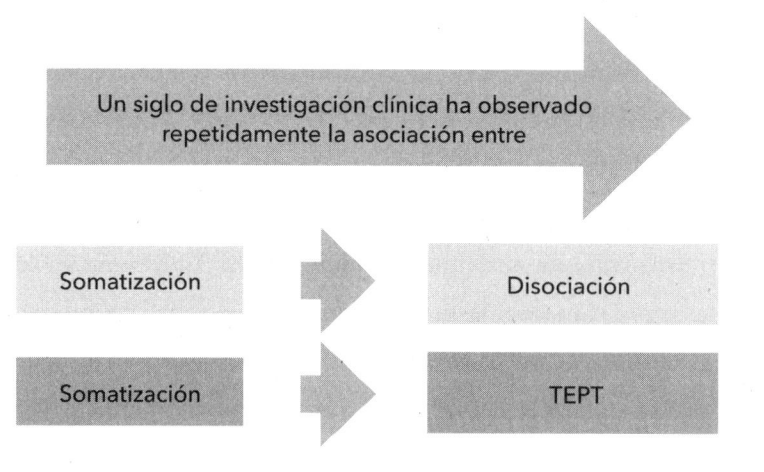

Tanto la somatización como la disociación son respuestas comunes al trauma en personas que han sufrido experiencias traumáticas y que a menudo tienen dificultades para procesar y verbalizar las emociones y sentimientos y lo hacen somatizando o desconectándose a través de la disociación. Estos dos procesos también pueden funcionar como defensas de protección para manejar el dolor emocional y el estrés: la disociación es una distancia de seguridad al trauma que puede ayudar a evitar el dolor emocional y la somatización lo externaliza en forma de síntomas físicos. De manera similar, la presencia de síntomas somáticos puede fomentar el estrés y la ansiedad, lo que puede aumentar la disociación, que a su vez puede dificultar la identificación y la gestión de los síntomas físicos perpetuando el ciclo de la somatización.

A lo largo de los años se ha ido observando e investigando la relación entre la somatización y el TEPT; en estudios hechos con mujeres que padecían trastorno por somatización, el 90% declaraban haber sufrido algún tipo de abuso, mientras que el 80% describían abuso sexual tanto de pequeñas como de adultas. Estos traumas sin procesar por el sistema se manifiestan tanto en síntomas psicológicos (como reexperimentación del evento traumático, flashback, dificultad para dormir, pérdida de interés por las actividades cotidianas, irritabilidad) como en síntomas físicos como los descritos en capítulos anteriores. El estrés crónico asociado con el TEPT es capaz de desencadenar o aumentar la somatización. Tanto el cuerpo como la cabeza están en un estado constante de alerta, lo que, como ya sabemos, lleva a la somatización.

El funcionamiento de la memoria traumática

Nuestra memoria integra los elementos de cada experiencia mediante un proceso complejo de asociación, mientras que la memoria traumática lo hace en un proceso de disociación. Veamos los distintos tipos de memoria para después poder plantearlo en un ejemplo.

- **Memoria traumática:** es la forma en que los recuerdos de eventos traumáticos se almacenan y recuperan en el cerebro. Estos recuerdos se diferencian de los no traumáticos tanto por su contenido como por el impacto emocional y corporal. La memoria traumática está estrechamente relacionada con el TEPT y otros trastornos asociados con el trauma, y sus características son:
  –Fragmentación de los recuerdos traumáticos que se almacenan como sensaciones, imágenes, sonido y olores.
  –Intensidad emocional basada en miedo, horror y desesperación que se reexperimentan en forma de flashbacks o pesadillas.
  –Intrusividad, así es como aparecen los recuerdos del trauma, de repente y de manera no deseada.
  –Persistencia, a diferencia de los recuerdos no traumáticos, que tienden a desvanecerse con el tiempo, los recuerdos de trauma pueden persistir y permanecer vividos durante años.
- **Memoria explícita:** se trata de la memoria que usamos conscientemente para recordar hechos y eventos. Se utiliza para recordar de manera consciente y da sentido a nuestra experiencia. Incluye recuerdos de eventos específicos (memoria episódica) y conocimiento general sobre el mundo (memoria semántica).
- **Memoria implícita:** es el tipo de memoria que se utiliza sin una conciencia activa, así como respuestas emocionales y fisiológicas que ocurren sin un recuerdo consciente del evento que las causó.
  –**Memoria somática:** es la memoria del cuerpo, se refiere a cómo el cuerpo recuerda experiencias traumáticas a través de

sensaciones físicas y reacciones corporales que se almacenan como fragmentos congelados y que apenas se reconoce que persisten después del trauma y se muestran a través del cuerpo. Representa un papel importante de cómo las personas experimentan y responden al trauma en su vida cotidiana.

–**Memoria procedimental:** esta clase de memoria implícita almacena habilidades y patrones de comportamiento que hemos aprendido y que se activan automáticamente en respuesta a ciertos estímulos. Su función fundamental es la supervivencia, que se organiza basándose en patrones de acción de defensas de lucha o huida cuando aparecen disparadores del trauma.

Imaginemos que estamos caminando por la calle y de frente nos encontramos con un pastor alemán que pasea tranquilamente con su dueño. Aunque hayan pasado veinte años desde que el perro de una amiga nos mordió, de repente nos invaden todas las sensaciones físicas de miedo. Este miedo se manifiesta como un patrón de acción activado por el estímulo del perro actual generando la defensa de huida. Nuestro cuerpo se tensa, el corazón late más rápido, y sentimos un nudo en el estómago que nos lleva a salir rápido de la situación.

A nivel mental, podemos no estar recordando conscientemente el evento de hace veinte años, lo que indica que estamos operando bajo la memoria implícita. En este caso, la memoria procedimental está ayudándonos a reaccionar de manera automática para prevenir un peligro potencial, aunque el peligro en esta escena no sea real, sino una respuesta aprendida a uno que ya pasó. Este recuerdo y la reacción física asociados son fragmentos del trauma almacenados en nuestro cuerpo como memoria somática. A pesar de que racionalmente sabemos que el pastor alemán frente a nosotros no es el mismo perro que nos mordió, nuestro cuerpo no lo reconoce y reacciona como si estuviéramos en peligro inmediato.

Este ejemplo muestra cómo la memoria somática y la memoria procedimental (que es el centro de la memoria somática) trabajan en conjunto para protegernos, aunque a veces estas respuestas pueden ser desproporcionadas a la amenaza real debido a la persistencia de la memoria traumática en nuestro cuerpo y mente.

La expresión somática del trauma sugiere:
- por una parte, que el cuerpo muestra señales e indicadores que nos ayudan a identificar experiencias traumáticas retenidas en él;
- por otra parte, se refiere a nuestra reacción a ciertas situaciones o estímulos que conectan con el trauma.

El cuerpo responde a nuevas situaciones con estrategias aprendidas durante momentos traumáticos. Adapta y recuerda estas experiencias a nivel físico y emocional. El problema es que se acaban convirtiendo en disparadores innecesarios de respuestas de protección y en una dificultad cuando se muestran asociados a situaciones que no representan peligro, pero nos recuerdan a él.

Eva y el ASI

El cuerpo recuerda el trauma y el abuso de una manera muy clara. En este caso, el sufrimiento con el que una mujer víctima de abuso sexual infantil (ASI) repetido había desarrollado una anorexia nerviosa y nadie entendía su negativa a comer solo pudo hacerse visible para los demás cuando por fin pudo hacer de lo implícito algo explícito, es decir, cuando puso en palabras aquello que nadie entendía a través de su expresión somática, a través de lo que su cuerpo expresaba mediante la anorexia nerviosa.

Un día esta persona pudo decir «no quiero comer porque no quiero que nada entre dentro de mí nunca más», haciendo referencia a la comida, pero asociado también al ASI y al trauma de traición que había sufrido, ya que el abusador era una persona cercana y querida para ella.

La expresión somática del trauma cobró más visibilidad cuando empezamos a procesar el ASI en psicoterapia. Sintió un intenso dolor en los genitales que no cesaba hasta que no acababa la sesión. Una vez que terminábamos, el dolor paraba. Tenía sangrados, como menstruales, entre sesiones que no correspondían con el periodo y para los que no había explicación médica. Todos estos síntomas dejaron de aparecer cuando terminamos de procesar el trauma del abuso.

El cuerpo recuerda, la memoria es moldeable. Las emociones se sienten y se corporizan a través de la postura, los músculos, los nervios, la respiración.

El trauma no solo está en la cabeza. El trauma sin resolver permanece en el cuerpo.

El cuerpo envía mensajes claros de lo que sucedió

Para el neurólogo Robert Scaer, las áreas que primero identificaron o estuvieron expuestas a la amenaza son las que desarrollan la reacción somática, los síntomas físicos:

- El área del cuerpo que primero recibió el golpe es donde se manifiestan los síntomas.
- Alrededor del área del cuerpo desde donde la persona oyó el sonido amenazador es donde se expresa el dolor.
- La dirección en la cual el cuerpo fue forzado, empujado o percibió la amenaza es donde se expresa la afectación física.

Pepe y el latigazo cervical

Pepe sufrió un accidente de tráfico y, como resultado, desarrolló un latigazo cervical, que ocurre cuando la cabeza se mueve rápidamente hacia atrás y luego hacia delante con fuerza, dañando los músculos y tejidos del cuello.

Inició un tratamiento de rehabilitación semanal durante meses y usó un collarín según las indicaciones médicas, pero la lesión no mejoró.

Lo derivaron a psicoterapia para investigar si la causa de su falta de mejoría estaba relacionada con un posible bloqueo provocado por altos niveles de estrés durante el incidente y el shock emocional retenido en la zona del impacto.

En la psicoterapia, se buscó la memoria somática que podría estar impidiendo liberar el bloqueo cervical. Le pedí que pensara en el peor momento del accidente. Pepe recordó una escena que no había recordado antes, una fracción de segundos en la que perdió el control del coche en la carretera, cambiando de carril sin poder maniobrar y dirigiéndose hacia una zona con un acantilado. «El más alto de Europa, llamado San Andrés de Teixido, maravilloso pero mortal si llego a caer», comenta Pepe, que, a pesar del dolor y el collarín, usa su sarcasmo gallego para restarle importancia mientras se activa emocionalmente al recordar aquel momento. «Por un segundo vi de reojo que el coche se dirigía hacia allí y recuerdo que me vi morir cayendo al vacío. Di un volantazo en el último momento y me salvé estrellándome contra un barranco cercano. Ahí fue donde al frenar de golpe me lastimé el cuello».

El lado del cuello donde se encontraba la inmovilidad era el mismo lado desde donde Pepe se vio morir cayendo por el acantilado. Le planteé esta hipótesis y juntos procesamos el momento exacto en que pensó «voy a morir». El resultado fue sorprendente: la rehabilitación empezó a ser efectiva y en pocas semanas dejó de usar el collarín. Pudimos concluir que el miedo amenazador de caer por el acantilado había quedado atrapado y no pudo ser procesado debido a la activación de la amenaza de vida y la consiguiente defensa de supervivencia. Una vez que Pepe descargó la emoción de susto que había quedado enquistada y pudo llorar, su cuello poco a poco recuperó la movilidad.

Cuando nos duele una parte del cuerpo determinada, podemos hacernos ciertas preguntas que nos darán pistas acerca de lo que está ocurriendo en nuestro interior. El pensamiento psicoanalítico defiende que el síntoma puede ocupar el lugar de la palabra, de la emoción o de la acción que no se produjo. Por ejemplo, cuando hablamos de acción, nos podemos referir al empujón que no se dio para apartar a otra persona que intentaba dañar, y que ha quedado en forma de bloqueo corporal. Cuando hablamos de emoción no expresada, por ejemplo, nos podemos referir al miedo bloqueado que nos quedó al ver y oír a alguien atragantarse hasta la asfixia en una comida cuando éramos pequeños, y que hoy en día se presenta en forma de dificultad física en el momento de tragar la comida y de presión en el estómago y el pecho asociados a comer.

Sabiendo esto, si le damos voz al síntoma podemos trabajar para crear un diálogo con él que, en última instancia, nos ayudará a entender lo que lleva a la enfermedad.

Cuestionario para dialogar con el órgano que muestra síntomas

- ¿Qué nos señala el órgano con ese síntoma?
- Si pudiese ponerlo en palabras, ¿cuáles serían? y ¿qué nos diría? Si ese síntoma tuviese palabras, ¿qué sería lo que contaría?
- Si ese síntoma quisiese expresar algo no dicho, ¿qué nos expresaría?
- Si ese síntoma quisiese expresar lo que el órgano necesita decir, ¿qué sería lo que nos diría?

Aprender a entender el lenguaje del cuerpo y a no ir contra él es fundamental. Luchar contra el síntoma solo nos lleva a centrarnos en eliminarlo, ignorando que, cuanto más luchamos contra algo, más intenso se vuelve. En cambio, si nos detenemos, aceptamos su presencia y buscamos qué lo mantiene, podemos regularnos e indagar en la raíz del problema. Así, apuntamos directamente al origen de la situación, procesando aquello que aún espera ser integrado, o descubriendo que nuestra propia manera de ser, nuestro carácter o las características de nuestra personalidad perjudican nuestro cuerpo. Al revisar y cambiar estos aspectos, podemos evitar enfermar nuestros órganos.

El diálogo de Lis con su órgano

Lis tiene veintidós años y desde su primera menstruación define lo que vive como «una tortura mensual». Sufre algo llamado «trastorno disfórico premenstrual (TDM)», una afección que le provoca síntomas de depresión grave, irritabilidad, ataques de pánico, ansiedad, problemas para dormir, urgencia por comer y sensación de pérdida de control. Los síntomas se presentan alrededor de once días antes de que baje la regla, momento después del cual comienza con dolor intenso y pierde gran cantidad de sangre durante una semana. Los días al mes que describe sin el TDM ni sangrado no llegan a doce, pero incluso en esos días libres de síntomas del trastorno arrastra un estado de ánimo muy bajo y extenuación por la anemia de los sangrados. Actualmente la ansiedad aparece en todo momento, siente que se une una cosa con otra. Ha llegado a tener ideas de quitarse la vida por la desesperación que siente y sobre todo por la falta de apoyo por parte de los profesionales y la familia.

Lis: Es como si todo lo que me pasa fuese normal porque está asociado con la menstruación.

En el último mes ha aparecido un síntoma nuevo, debido a la intensidad del dolor que sufre, ha perdido el conocimiento varias veces y teme salir a la calle sola, de manera que cada vez se siente más limitada y asustada.

Yo: ¿Qué opinión tienen los médicos de lo que te ocurre? ¿Y qué tratamiento te han prescrito?

Lis: He intentado tratar lo que me ocurre, pero la medicación no me da resultado. Los médicos no saben qué me causa el TDM, lo achacan a alteraciones hormonales, pero nada definitivo. Cada vez se va haciendo una bola más grande, me siento deprimida, cansada y sobre todo desesperada. Siento que lo que me ocurre no tiene solución y que nadie me puede ayudar. El mes pasado tuve que acudir a urgencias por lo mal que me sentía, expliqué lo que me ocurría y la opción que me dio el ginecólogo literalmente fue: «Lo mejor que puedes hacer es quedarte embarazada, habitualmente estos patrones de sangrado y trastornos premenstruales cambian después de dar a luz». ¡Ese comentario! ¡Cómo un profesional puede tratar a alguien de esa manera cuando se me ve totalmente desesperada! ¡Cómo se puede faltar tanto al respeto a alguien en un momento tan duro! Tengo veintidós años, cómo voy a tener un hijo ahora y, aunque estuviera dispuesta a tenerlo, cómo voy a quedarme embarazada, no por mi deseo de ser madre, sino para ver si el ginecólogo tiene razón y se me cura el TDM. Estaba tan enfadada y agotada que entre una cosa y la otra me dio allí mismo un ataque de ansiedad tan grande que me tuvieron que atender al momento. Lo peor de todo es que no fue esa la primera vez en que, en lugar de ayudarme, me sentí juzgada. El mismo estilo de respuesta fue el que utilizó otro médico que se aventuró a decirme que me apresurase a tener hijos cuanto antes, si los quería tener, porque si seguía con estos síntomas tan limitantes seguramente tendría que hacerme una histerectomía en el futuro, es decir, extirparme el útero. Lo terrible de esta respuesta es que todo apunta hacia ese camino al que voy. ¡No me puedo creer de verdad que no haya nada que me pueda ayudar con lo que me pasa sin acabar sacándome el útero!

Hicimos varias sesiones en las que nos fuimos conociendo un poco más y, en una de ellas, le propuse de manera metafórica hacer un trabajo juntas que consistía en crear o imaginar un diálogo con su útero. Me dijo que sonaba raro, y le confirmé que así era, que sonaba raro, pero que nos ayudaría a encontrar respuestas, ella sin pausa alguna contestó: «No tengo nada que perder dadas las circunstancias».

Yo: Piensa en tu útero y dime por favor cómo lo sientes.

Lis: Lo siento dolorido e hinchado, estoy empezando con los síntomas de TDM.

Yo: Si pudieras expresar con palabras aquello que te gustaría decirle a tu útero, ¿qué sería?

Lis: Le diría que parase de doler y que me dejase vivir.

Yo: Parece que estás enfadada con él.

Lis: Estoy muy enfadada y cansada de él.

Yo: Si tu útero tuviese capacidad para darte una respuesta, ¿qué te diría?

Lis: Me diría que es él el que se siente dolorido e hinchado, que no lo hace a propósito. Es como si algo cada mes lo pusiera enfermo y le hiciera reaccionar de esa manera.

Yo: ¿Qué te gustaría responderle?

Lis: Me gustaría preguntarle qué es lo que cada mes le hace sentirse así de enfermo.

Yo: Pues pregúntaselo. ¿Qué te dice?

Lis: Mi impresión es que lo que le pone enfermo es saber que soy mayor y eso le da miedo.

Yo: ¿Tú entiendes a lo que se refiere con eso?

Lis: No, no entiendo qué significa.

Yo: ¿Quieres preguntarle a qué se refiere?

Lis: Sí, se lo pregunto y lo que me viene es miedo, una sensación muy grande de miedo, no sé por qué, es como si mi útero estuviese lleno de miedo.

Yo: ¿Y sabes a lo que tu útero tiene miedo?

Lis: Tiene miedo a ser mujer y a que me lastimen.

Lis empieza a llorar con un llanto desgarrador que me llega al corazón.

Lis: Me violaron cuando tenía quince años y no se lo dije a nadie, fue horrible, fue la primera vez que mis padres me dejaban ir a una fiesta. Bebí alcohol, pero no demasiado. Fui al baño y se metió un hombre mayor que no sé de dónde salió, no lo vi venir, me pegó, me tapó la boca, estaba tan asustada que me quedé paralizada y dejé que lo hiciera. Cuando acabó se marchó y yo empecé a vomitar del asco que sentí. Cuando pude ponerme de pie tenía todas las piernas llenas de sangre. Me limpié como pude *y en silencio me fui para casa y no le dije nada a nadie. Estaba aterrada, era mi primera vez y fue de esa manera tan horrible. No quise salir en mucho tiempo porque no sabía si podía haberme quedado embarazada. Me desapareció el hambre y estuve fatal. Intenté disimular hasta que me bajó la regla y respiré por no estar embarazada. Esa regla después de la violación la sentí bien y poco a poco lo pude ir olvidando. Pero ya veo que no lo olvidé, solo racionalmente pude hacerlo. No puedo tener pareja por cómo estoy, pero también porque no puedo ni imaginar tener relaciones sexuales, solo con pensarlo me entran ganas de vomitar. ¿Te puedo abrazar, por favor? Estoy muy asustada.*

Yo: Claro que me puedes abrazar, siento muchísimo que te hubiesen hecho eso, Lis, ninguna chica se merece pasar por algo como por lo que tú has pasado.

Lloró abrazada a mí durante bastante tiempo y poco a poco se fue calmando. Aquella sesión en la que por fin pudo revelar su secreto hizo que pudiese entender al órgano, en realidad hizo que se pudiese entender a ella, aterrada por lo que le había sucedido años atrás y que permanecía intacto y conectado al miedo que sintió en aquella situación tan terrible. A lo largo de la psicoterapia procesamos el evento traumático que enfermaba su útero cada mes y poco a poco la medicación empezó a funcionar y sus síntomas dieron un giro de 180 grados. Al cabo de año y medio, Lis era otra mujer. Libre de síntomas, de juicios innecesarios y con mucho aprendido para empezar a vivir la vida de una manera completamente diferente.

Cuando hemos sufrido problemas o experiencias de trauma de vida difíciles de soportar hay más probabilidades de que suframos enfermedades somáticas que aquellas personas que han tenido una vida más fácil. Somos nuestro cuerpo y dependemos de él. Una vez que aprendemos a entenderlo hay muchas cosas que cambian.

Cuando el cuerpo se enferma es algo que le pasa al cuerpo, o sea, es algo que me pasa a mí.

El cuerpo como enemigo

Una de las dificultades que obstaculiza la mejoría cuando existen síntomas y la persona no comprende su origen ni su causa es el miedo. Este sentimiento de temor provoca una sensación de indefensión y pérdida de control, lo cual perpetúa los síntomas y conduce a la percepción del cuerpo como un enemigo: «Me siento prisionero de mi propio cuerpo. Intento tener control, pero me resulta imposible. Estoy a merced de las reacciones de mi cuerpo. Me siento atrapado en un cuerpo que no me permite moverme».

Las personas que han experimentado trauma suelen experimentar una intensa conexión emocional con sentimientos de dolor, miedo o rabia. Normalmente, las emociones intensas siguen un ciclo que incluye un inicio, un punto medio y un final: empezamos sintiendo la emoción con fuerza, permitimos que se exprese y se descargue, y finalmente disminuye la intensidad hasta que volvemos a sentirnos calmados y aliviados. Sin embargo, en el caso del trauma, la fase final de esta descarga emocional no se alcanza; la emoción queda fijada sin poder completar su ciclo. Este estancamiento emocional tiene un costo para el cuerpo, que debe sostener una emoción intensa sin posibilidad de liberarse de ella. La fijación en las emociones del trauma lleva a mantener niveles constantes de alerta y activación elevada.

¿Cuáles son las razones para explicar la fijación a las emociones traumáticas?

- Negación o falta de conciencia entre las emociones actuales y las relacionadas con el trauma del pasado. Cuando sufrimos trauma en el pasado, puede ser difícil diferenciar si lo que sentimos es de aquí ahora (momento presente) o es de allí entonces (momento pasado).
- Intentos de evitar emociones dolorosas que acaban atrapando a la persona. Cuando intentamos evitar, se puede intensificar precisamente aquello que queremos dejar de sentir o desplazar.
- Incapacidad para pensar con claridad. Si sentimos que todo es confuso, nos asustamos y el miedo nos puede conectar con situaciones en las que nos hemos sentido igual que pueden complicar y aumentar la intensidad de la emoción al fijarnos a ella.
- Incapacidad de distinguir emociones de sensaciones corporales (como ya hemos visto en capítulos anteriores, las sensaciones son la representación de las emociones en el cuerpo), pero a veces no sabemos distinguirlas y eso nos puede llevar a que-

darnos fijados en algo que nos perturba y de lo que no podemos salir.

Todo esto podría contribuir a que revivamos de forma circular y aparentemente interminable las emociones del trauma.

La disociación: la clave para entender el trauma

La disociación es un mecanismo adaptativo de protección que «desconecta» nuestra mente de la realidad cuando nos encontramos ante una situación límite que sobrepasa nuestros recursos psicológicos para afrontarlos. Como ya hemos visto, es «una distancia de seguridad» que reduce el impacto emocional, la tensión, el miedo y el dolor del momento.

Existen dos tipos principales de disociación relacionados con el trauma a nivel corporal: la disociación somatomorfa y la disociación somática.

La **disociación somatomorfa** se refiere a la manifestación de síntomas reales para la persona, aunque estos no tienen una base orgánica que se pueda identificar. Este tipo de disociación es la que sufren las personas que tienen trastorno neurológico funcional (TNF) o crisis no epilépticas (CNE), donde el cuerpo provoca la pérdida de control motor, la reducción y hasta la pérdida completa de percepción sensorial: vista, oído, gusto, es decir, lo que viene de los sentidos, así como la percepción involuntaria de las sensaciones corporales, como, por ejemplo, el hormigueo, el temblor y síntomas de dolor. Se puede ver en dos grupos:

- Síntomas de congelación, dificultad para andar y moverse.
- Síntomas de analgesia, que denotan sumisión, como la parálisis, anestesia somática y emocional.

La disociación somatomorfa está asociada con traumas acumulativos como el abuso físico o sexual, cirugías traumáticas o amenazas graves repetidas que activan las defensas de supervivencia.

La **disociación somática**, por otro lado, se refiere a una desconexión o falta de integración entre las experiencias sensoriales y la percepción consciente del cuerpo. Es un fenómeno que al igual que la disociación somatomorfa puede ocurrir debido al trastorno de estrés postraumático (TEPT) o por experiencias estresantes de larga duración en las que la persona experimenta gran estrés y altos niveles de ansiedad. Aparece la sensación de que el cuerpo no pertenece, se siente como «ajeno», como algo «externo». Comentarios como los siguientes pueden reflejar este tipo de disociación: «Hoy me caí y mi cuerpo se dio un golpe muy fuerte, quedó tembloroso y débil, tuve que calmarlo hasta que poco a poco se tranquilizó». Ambos tipos de disociaciones se pueden dar juntas.

Vera y la parálisis

Vera, una chica de veinte años que presenta crisis en las que se queda paralizada, no puede andar, ni hablar, no le sale la voz y le aparece parálisis facial en la que se le tuerce la boca hacia un lado de la cara.

La primera vez que me dio pensé que me estaba muriendo, fue todo muy extraño. El miedo que sentí fue aterrador. No tenía control sobre mi cuerpo.

Las crisis se presentaban de repente y rápidamente. Vera aprendió a reconocer las señales del cuerpo para anticiparlas; primero, un cansancio tremendo que se iba convirtiendo en parálisis y, luego, en cascada, surgían el resto de los síntomas. Las crisis la forzaban a estar en cama durante varios días hasta que poco a poco volvía todo a la normalidad, y solo le quedaba esperar en alerta a la siguiente crisis. El estrés constante de anticipar la siguiente crisis era en sí mismo un predisponente y mantenedor de los síntomas, aunque ella no fuese consciente de ello en aquel momento.

Visitó varios médicos y se sometió a múltiples pruebas (resonancias magnéticas, electromiografías, etcétera), pero todos los resultados fueron normales. No se encontró ninguna causa neurológica o médica que explicara sus crisis. Cuando le pregunto cuándo comienzan las crisis, describe que hace siete meses, poco después de la muerte súbita de su madre por un infarto. Comenta que fue muy duro perderla, que no estaba preparada para vivir sin su madre aún, que la necesitaba mucho y que se había quedado tan bloqueada que no había podido llorar ni una lágrima. Quería «ser fuerte» para su padre y sus hermanos pequeños, nadie se merecía que además ella ahora se pusiese enferma cuando más la necesitaban.

¿Cuánto podía estar su cuerpo expresando somáticamente todo ese dolor tan profundo de la pérdida de su madre?

¿Cuánto se estaba debilitando su cuerpo con la idea de ser «fuerte»?

Mientras su cuerpo entraba en las crisis conversivas, ¿qué no tenía que entrar a ver?

¿Cómo conseguía no llorar? ¿Y qué estaba consiguiendo con no hacerlo?

Mientras su familia se centraba en ella y sus crisis, ¿en qué no se estaban centrando?

Cuánto pueden decir de nosotros los síntomas que desarrollamos, cuando el cuerpo nos guía hacia donde tenemos que ir o ver, aunque no queramos. Pese a que lo necesitemos y en un principio no lo entendamos. Siempre para cubrir sus necesidades, que en realidad son las nuestras porque nuestro cuerpo somos nosotros.

Cuando se experimenta disociación somática, el cuerpo puede percibirse como ajeno o externo, y hay una tendencia a tratarlo de manera distante, incluso ignorando sus necesidades básicas. Esto puede llevar a hábitos poco saludables y a una desconexión emocional con el cuerpo.

Es un estado alterado de conciencia que define la separación. Diferentes expresiones o manifestaciones nos pueden indicar este mecanismo de separación.

- «El cuerpo no es real».
- «Es como si no estuviese dentro».
- «Es como si encontrara extraño mi cuerpo».
- «Es como si pudiese verme desde fuera».

Estos estados de separación tienen la función de protección para minimizar y/o debilitar los efectos de una emoción extrema o amenaza. En la disociación somática se experimenta una desconexión entre la mente y el cuerpo, por lo que podemos experimentar una sensación de irrealidad o desconexión con nuestro propio cuerpo. Se puede manifestar a través de la despersonalización y la desrealización.

La **despersonalización** es un fenómeno disociativo en el que nos sentimos desconectados o separados de nuestro propio cuerpo, de nuestros pensamientos, emociones y sensaciones.

- Es una experiencia habitual cuando sufrimos altos grados de estrés, trauma o fatiga.
- Se siente como una sensación continua o recurrente de falta de conexión con nosotros mismos. «Es como si no fuera yo», «me siento extraño».
- Hay un síntoma que muchas personas que sufren despersonalización refieren, que es sentirse como observadores externos, como viéndose desde fuera, como si pudiesen salirse de sus cuerpos.
- Las emociones se sienten desconectadas o distantes.
- A pesar de estas experiencias, las personas con despersonalización suelen ser conscientes de que sus percepciones no son normales.

La **desrealización** es una experiencia disociativa en la que percibimos lo que nos rodea como irreal, extraño o distante, como ficticio. Puede acompañar a otros problemas como la ansiedad y la depresión. La realidad se siente como un sueño, en un episodio de desrealización, el mundo no solo es raro, sino también distorsionado. La percepción es la de que los objetos pueden cambiar de tamaño o de forma, y por eso la persona:

- Percibe el entorno como si fuera falso.
- Puede llegar a sentir que los objetos, personas y lugares no son familiares o están distorsionados.
- Tal vez sienta una falta de conexión emocional con su entorno.
- Puede percibir que el mundo carece de color, de vida o incluso de movimiento.
- Quizá perciba los sonidos más fuertes o apagados de lo normal.
- Puede tener la visión borrosa o distorsionada.
- Al igual que con la despersonalización, suele ser consciente de que sus percepciones no son normales. Esto distingue la desrealización de los trastornos psicóticos, donde la conciencia de la irrealidad puede estar comprometida.

La diferencia entre despersonalización y desrealización es que mientras que la primera hace referencia a sentirse observador de uno mismo, e incluso a sentirse separado del propio cuerpo, en la segunda es el entorno el que se percibe como algo extraño o no real.

Xana y la despersonalización

Xana es una mujer de veintisiete años que trabaja como diseñadora de moda. Durante su adolescencia, experimentó crisis de pánico muy fuertes debido a los problemas que había en casa, de mala relación entre sus padres y maltrato físico de sus padres hacia ella y sus hermanos. Aunque estos episodios disminuyeron con el tiempo, hace aproximadamente un año y medio Xana comenzó a experimentar síntomas que no podía entender ni controlar.

Describía que de repente un día le apareció una sensación de «estar como en un sueño» o «estar viendo la vida como en una película». A partir de ahí constantemente surgían esas sensaciones asociadas al estrés y sentía como si su cuerpo no fuese suyo, desconectado de ella. Cualquier situación mínima de estrés era suficiente para que apareciesen los síntomas. Se miraba al espejo y era como si ella no estuviese allí y sentía la realidad como con niebla.

Es frecuente que la despersonalización y la desrealización vayan juntas, lo que en ella se traducía en no sentirse dentro del cuerpo y en ocasiones sentir el entorno extraño. Los episodios iban y venían, podían permanecer horas o días. Toda esta preocupación y ansiedad se acompañaba de síntomas como tensión muscular con contracturas que le impedían mover el cuello y vómito psicógeno, es decir, devolvía sin nada que lo provocara. Su día a día se iba complicando por la limitación de salir a la calle con esa sintomatología. Llegó a terapia con mucha necesidad de ayuda y desesperación por todo lo que le ocurría. Una vez encontrado el origen de lo que le disparaba los síntomas y procesado este, disminuyó la intensidad y con ello llegó la calma.

Capítulo 8
La ayuda necesaria

«La única manera de lograr lo imposible es creer que es posible».

Alicia a través del espejo (2016)

Ahora que llegamos al final del libro, no quiero despedirme sin poner de relieve algo a lo que, de forma tangencial, ya llevo apuntando a lo largo de estas páginas: la importancia de la validación profesional. Las personas que viven con dolor, inflamación y síntomas que se manifiestan con frecuencia sin previo aviso viven en una situación de alerta constante, por lo que no necesitan profesionales que les den lecciones de vida. Necesitan, en primer lugar, sentirse en un entorno seguro y ser tratadas desde el respeto, la calma, la empatía y la motivación.

La importancia de la validación

A lo largo de mi trayectoria profesional he escuchado verdaderas historias de terror en boca de mis pacientes, que me han contado cómo en sus momentos de máxima vulnerabilidad y desesperación se han topado con mucha incomprensión y rechazo por parte de su entorno.

Las personas que sufren enfermedades psicosomáticas a menudo no reciben un diagnóstico satisfactorio. Como no hay una explicación médica que pueda validar los síntomas somáticos, ya que no hay una base orgánica, sienten que nadie valida su sufrimiento.

Pueden ser vistas como personas que actúan o que fingen o inventan los síntomas, cuando debemos entender que lo que muestran como dolor es porque les duele de verdad. Hay quien malinterpreta que si el origen es somático significa que «no duele igual», y nada más lejos de la realidad. Esta creencia es muy injusta porque el dolor es algo subjetivo, y cuando por ejemplo el sistema inmune ataca al propio cuerpo todo lo que ocurre en él es totalmente real, incluido el dolor y los síntomas que se desarrollan. Negar esto solo causa enfado y frustración en quienes padecen esta sintomatología.

Una actitud no adecuada lo único que fomenta es que la persona aumente la intensidad de sus síntomas para demostrar que los siente realmente. Y, desafortunadamente, en ocasiones se acaba convirtiendo en un bucle endiablado. Cuanta menos atención, más síntomas; cuanta más acusación de «fingir los síntomas», más intensidad de estos.

La incomprensión es un caldo de cultivo para el aislamiento y la soledad. Cuando sentimos dolor y malestar siempre, nuestras conversaciones y los temas de los que hablamos pueden cansar a los demás, que comienzan a tomar distancia porque no saben cómo reaccionar ante la queja constante. Es muy doloroso, cuando estás padeciendo tal sufrimiento, ver cómo los demás te abandonan. Y, además, este estado de ánimo bajo a menudo aun exacerba más los síntomas. Aunque acompañar puede resultar complicado a veces, antes de alejarnos de alguien querido que está sufriendo, deberíamos plantearnos buscar ayuda profesional. De esta manera tendremos más herramientas, tanto quienes padecen como quienes acompañan en el padecimiento.

La ayuda profesional es primordial para saber qué ocurre, para que podamos entender los síntomas sin fomentarlos ni volverlos aún más intensos. Las personas con afectaciones somáticas sobre todo necesitan comprensión y acompañamiento. Claro está que para que puedan entender sus síntomas y tomar conciencia de lo que les ocurre, primero los profesionales tendremos que aprender a entenderlo y manejarlo, para después ayudarlas a ellas y a sus familias.

En muchas ocasiones quienes sufren en el cuerpo no ven una posibilidad de mejora, principalmente cuando la enfermedad se ha cronificado. La idea de cronificación trae consigo indefensión. Pensamos que «para qué vamos a hacer algo si nada va a cambiar». Sin embargo, quedarse de brazos cruzados no debería ser una opción. ¿Lo hemos intentado todo? Cuando los informes médicos confirman que el cuerpo no presenta ningún problema orgánico y que los problemas físicos vienen de otro lugar es el momento de tener curiosidad e ir más allá, es el momento de que la psicoterapia, un trabajo en equipo, nos devuelva la esperanza.

Respuestas desde la psicoterapia en psicosomática

Aunque podamos notar mejoras a nivel «físico» con el apoyo adecuado de los profesionales médicos, debemos tener en cuenta que la parte física de la enfermedad no engloba todo el problema somático, sino solo una parte. La otra, la que viene de la cabeza, también debe ser atendida, aunque esto dependerá de lo que nos dejemos ayudar.

Habrá que trabajar tanto con lo físico como con lo psicológico. Debemos, eso sí, ser realistas con las expectativas. El proceso puede ser lento y largo; sin embargo, tomárselo sin prisa, pero sin pausa, será la mejor opción si queremos mejorías a largo plazo. Aun así, incluso cuando somos conscientes de que la medicina ha hecho todo lo que puede ante el cuadro que presentamos y sabemos que la otra parte de la enfermedad no se resuelve con más pruebas médicas ni medicamentos, nos negamos a la ayuda psicológica. ¿Por qué? A continuación, he recopilado algunas de las reticencias más frecuentes, que me he tomado la libertad de responder.

- «No voy al psicólogo porque si voy se confirmará que estoy mal de la cabeza. Mi dolor es real, yo no me lo provoco ni me lo invento psicológicamente».
  → Aunque no tenga base orgánica, el dolor es real. La psicoterapia ayudará a darnos seguridad de que lo que sentimos es real a pesar de lo que opinen los demás. El dolor que sufrimos lo sentimos, lo validen los demás o no.
- «No creo en los psicólogos, no valen para nada. Hablando no van a curar mi enfermedad ni a quitarme este dolor».
  → Ir al psicólogo no es una cuestión de creencia. No es preciso creer en los abogados para consultar dudas a nivel legal o que nos defiendan en los procesos judiciales. Tampoco se requiere creer en la medicina para acudir al médico cuando lo necesitamos. Tener la creencia de que ir a hacer un tratamiento de psicoterapia es

ir a hablar de «lo mismo que hablamos tomando un café con un amigo» es erróneo. Los amigos no están para escuchar nuestras quejas y ayudarnos a elaborar nuestros procesos vitales, las amistades se cuidan de otra manera. Quizá el planteamiento adecuado pase por buscar un psicólogo especialista en psicosomática que tenga experiencia en nuestro problema. Siempre podemos plantear nuestras reticencias a este profesional, que tomará nota de ello y nos guiará e informará para que nos dejemos ayudar.

- «Ya he ido al psicólogo y no me ha hecho nada más que quitarme el dinero».

→ La psicoterapia lleva tiempo, una hora de terapia es solo una hora de nuestra vida. Un día tiene veinticuatro horas que corresponden a veinticuatro sesiones de terapia. ¿Qué hacemos en un día de nuestra vida?, ¿cuánto podemos resolver de nuestra situación en un día? Teniendo esto en cuenta, podemos plantear el tratamiento con mayor nivel de calma y entender que no veremos resultados inmediatos. Si el problema, por el contrario, no es la prisa, sino que hemos dado con un profesional no adecuado para nosotros porque no nos sentimos cómodos, lo mejor es cambiar y buscar aquel que nos haga sentir seguros y confiados. No necesitamos esperar muchas sesiones para hacerlo. Es positivo cambiar cuando no se dan las condiciones que hemos descrito.

- «¿Qué pueden hacer por mí a estas alturas? Mi vida es la que es y nadie la puede cambiar».

→ Pues realmente pueden hacer mucho. Siempre que lo permitamos. Si entendemos los procesos desde el cuerpo, ¡pueden cambiar tantísimas cosas en nosotros! Comprenderemos cómo el cuerpo se comunica cuando algo le incomoda o lo supera y descubriremos cuánto material almacenado guardamos y que nos intoxica sin saberlo. Somos nuestro cuerpo, así que comprender cómo se comunica nos ayudará a entendernos a nosotros mismos y a conocernos mejor.

Todas estas reticencias a la hora de empezar terapia suelen ser protecciones que ayudan a negar las posibilidades de cambio. Hay quien cree que hacer terapia es confirmar que «todo está en nuestra cabeza», lo que corrobora que no estamos enfermos «de verdad» y que nos lo provocamos todo nosotros mismos. ¡Como si fuese tan sencillo inventarnos o provocarnos reacciones en el cuerpo!

A menudo, la negativa a ir a terapia la causa el miedo a entrar en aquellos momentos de vida que no queremos recordar. Sin embargo, no contarlos y no cambiar nuestra actitud contribuirá poco o nada, y hará que todo se mantenga igual. Todo esto son defensas, y la evitación mantenida solo hará que el malestar perdure aún más en el tiempo.

En este sentido, existe una defensa en la que me gustaría detenerme, es la «ganancia secundaria», que se manifiesta como una negación a recibir ayuda o, si se acepta, no se permite que realmente haga efecto. ¿Quién querría esto? Pues bien, personas con miedo a perder el apoyo de quienes los han estado ayudando en sus padecimientos. Durante el proceso terapéutico, esta defensa podría llevar a una negación de los resultados positivos, lo que bloquea cualquier posibilidad de mejoría.

El temor a mejorar puede surgir del miedo a perder los beneficios que se obtienen mientras se está enfermo, como la atención y el apoyo de los seres queridos. Contrariamente a lo que creen quienes tienen esta defensa, los que nos apoyan desean vernos mejorar para sentir que su ayuda ha sido efectiva. Este comportamiento puede estar relacionado con el deseo de mantener ciertas relaciones, como las de pareja, amistad, o incluso mantener a los hijos en casa. La ganancia secundaria, en definitiva, actúa a menudo a un nivel inconsciente y suele reflejar carencias y necesidades no cubiertas o no reconocidas. Para que podamos avanzar en el proceso terapéutico será esencial reconocer y trabajar estas defensas.

La actitud importa

Los síntomas hablan de nosotros, de cómo vivimos, de los hábitos que tenemos, de cómo nos cuidamos física y emocionalmente, de cuánto sufrimos, tanto por situaciones grandes como por las más pequeñas, y de lo poco que nos reímos y disfrutamos. Si logramos promover actitudes saludables, reduciremos drásticamente las posibilidades de somatizar.

Hay un término que nos viene como anillo al dedo al nombrar cómo vivimos, interpretamos, nos recuperamos de los golpes de la vida y sobre todo nos adaptamos y crecemos ante la adversidad, es lo que se llama resiliencia. No es algo con lo que nacemos, sino que es algo que desarrollamos y aprendemos a fortalecer a través de estrategias y práctica. Cuando nos trabajamos en psicoterapia, aprendemos de alguna manera a ser resilientes, aprendemos a conseguir salir adelante y tener recursos para hacerles frente a los golpes y obstáculos que la vida nos pone por delante. Ser resiliente va acompañado de:

- **Grupos de apoyo**, rodearnos de personas que vivan o pasen por lo mismo que nosotros o no, pero que en definitiva nos sintamos apoyados, comprendidos y que nos ofrezcan ayuda emocional.
- **Red de familia y amigos cercanos** con los que podamos expresar nuestras emociones y experiencias, sin cargar con quejas o lamentos, ya que para eso hace falta un psicoterapeuta, lección aprendida en capítulos anteriores.
- **Involucrarse en actividades**, fomentar aquello que nos agrade hacer, pero en grupo, andar, cocinar, manualidades, calcetar, escribir, leer, lo que nos guste, pero siempre acompañados.

Para la resiliencia necesitamos mantener un optimismo sano, nada de ideas poco creíbles o realistas, sino algo que podamos llevar a cabo, como rodearnos de gente que nos aporte cosas interesantes y positivas a nuestra vida, personas que nos transmitan buena energía, esas son las que se perciben desde el primer momento, con esas personas nos hemos de quedar.

Focalizaremos en las situaciones que percibimos como oportunidades en lugar de los obstáculos de la vida, sacar de aquello que sentimos como negativo una lección de vida o lo que nos aporte de aprendizaje es la mejor manera de ser resilientes.

Aprender a agradecer, por las cosas buenas que nos van sucediendo o que tenemos, por las personas que tenemos en nuestra vida, por los detalles bonitos que nos suceden en el día a día, desarrollar la paciencia y «aprender a pasar» en lugar de estar en todo momento buscando lo que tendría que «estar bien» (según nuestros criterios de lo que es estar bien o es lo correcto), en lugar de centrarnos en lo que nos falta o en lo que no hemos conseguido. Este hábito nos deja la sensación de estar haciéndolo bien y de que nuestro esfuerzo nos ha puesto en el camino. La energía positiva atrae el mismo signo de energía en la vida.

Para fomentar la propia resiliencia, no está de más recordar aquellas características que dan forma a nuestras fortalezas y aspectos que nos han ayudado a salir adelante, y que nos ayudan a tener presente que somos nosotros quienes lo hemos conseguido.

Para apoyar la resiliencia añadiría, por supuesto, como he repetido a lo largo del libro, el autocuidado, la comida saludable y disfrutar con gente que nos quiera el ejercicio necesario para estar sanos, el descanso adecuado y, sobre todo, reírnos, todo lo que podamos, ya que, como hablaremos a continuación, una parte de la vida que siempre hemos de tener en cuenta para estar sanos y aumentar nuestra longevidad es no perder nunca la capacidad de reír.

La risa y el humor

En la Edad Media, el cirujano Henri de Mondeville ya apuntó que la risa es la mejor de las medicinas. Hablaba de la importancia de procurar al paciente placer y alegría para recuperarse. Insistía sobre la importancia del ambiente en las personas enfermas: «El enfermo debe estar continuamente alegre y satisfecho con personas que lo rodean amigablemente. No debe irritarse ni dejarse llevar por el aburrimiento...».

La felicidad y el humor pueden mejorar la conectividad en diferentes partes del cerebro. Muchos estudios han demostrado los efectos beneficiosos de la risa. Reír durante una película aumenta el umbral del dolor y puede ayudar a romper el ciclo entre dolor, pérdida de sueño, depresión e inmunosupresión. La risa reduce la presión arterial y los niveles de glucosa, y aumenta la tolerancia a la misma. El humor y la risa producen una descarga de endorfinas con efectos calmantes.

Cuando no conseguimos conectar con nuestro mundo emocional no entendemos con claridad nuestras emociones y sentimientos. Esto provoca que nos cueste satisfacer nuestras propias necesidades al no saber entendernos, y es ahí donde dejamos de reír.

La risa es una señal de afecto que refuerza nuestro vínculo con los demás. Nos reímos más cuando hablamos que cuando escuchamos, lo que también fomenta nuestras neuronas espejo, que se impulsan con las risas de los demás y nos llevan a nuestra propia risa.

Cuando somos capaces de crear diversión amortiguamos las emociones negativas, fomentamos la regulación emocional y aliviamos el estrés. La risa realmente es uno de los mejores medicamentos y remedios para estar bien, mejora la salud cardiovascular, alivia el dolor y el funcionamiento del sistema inmunitario, es decir, si estamos contentos cargamos de energía positiva nuestro cuerpo y fomentamos la salud y con ella nuestra longevidad.

A George Burns, nacido en 1896 y fallecido en 1996, comediante y actor estadounidense, le preguntaron: «¿Cuál es la clave más importante para la longevidad?». «Evitar la preocupación, el estrés y la tensión», fue lo que respondió; un hombre que vivió un siglo de vida sabía mantener la salud. Si eres feliz y sabes que lo eres, conseguirás vivir aún más. Hay estudios que hablan de que las personas que siguen aquello que necesitan para ser felices tienen un 35 % menos de probabilidades de sufrir somáticamente comparadas con aquellas que se sienten miserables. Por eso uno de nuestros objetivos como sociedad sería ayudar a nuestros mayores a sentirse contentos y acompañados para ayudarlos a su bienestar.

Aceptar el cambio como parte de la vida

Si examinamos con atención el transcurso de la vida, podemos comprobar que la incidencia de las afecciones psicosomáticas aumenta en épocas de cambio. Lo que se modifica externamente implica que nos replanteemos el equilibrio adquirido hasta ese momento y nos exige un reajuste para enfrentarnos a la pérdida. Esta pérdida puede ser de empleo, de alguien querido o de una etapa vital, pero en cualquier caso es imprescindible que no la neguemos. El cambio forma parte de la vida y no podemos pretender que no nos afecte. Sin embargo, tampoco debemos fingir que «nos da igual».

Con respecto al cambio, también deberíamos entender que, en las enfermedades somáticas, cuando más de lo mismo no funciona, debemos hacer algo diferente. ¿Qué significa esto? En gran medida, buscar profesionales que nos puedan dar herramientas nuevas para afrontar la situación. Si nuestra actitud y nuestra forma de afrontar la enfermedad se mantienen invariables, no podemos esperar que se produzca ninguna mejoría. En cambio, si decidimos cambiar algo, tal vez allí empecemos a ver resultados.

Es un placer presentaros a María, una mujer valiente que no se ha conformado con lo establecido, sino que ha emprendido una búsqueda incansable hasta encontrar aquello que verdaderamente la ha ayudado. Su inquietud la ha llevado a explorar diferentes caminos, consciente de que quedarse en lo conocido la habría puesto en riesgo.

EN PRIMERA PERSONA

María y el lupus

María padece lupus eritematoso sistémico (LES) desde hace más de veinticinco años. Se trata de una enfermedad autoinmune compleja que puede afectar a las articulaciones, la piel, los pulmones, el cerebro, los riñones y los vasos sanguíneos. Provoca inflamación generalizada y daño del tejido de los órganos afectados.

Llegó a psicoterapia buscando ayuda, pero no por el lupus, sino por su fobia al dentista. En aquel momento no podía ni imaginar que su enfermedad autoinmune pudiera trabajarse en una consulta de psicología. Cuando llegó tenía la movilidad reducida y andaba con bastón, acababa de pasar su último brote y estaba aún muy débil. Cuando se sentó, cayó al suelo un cojín con forma de corazón que había en el sofá de la consulta. Lo miro y me dijo: «¡Ay! Se me ha caído el corazón». Levantó la vista, me miró fijamente y, entre risas, dijo: «Qué manera más simbólica de comenzar la psicoterapia, ¿verdad?». Nos reímos juntas. Empezó a hablarme de su fobia al dentista, la misma que sufría su madre. Sin embargo, yo le pregunté por su dificultad de movimiento y me relató su historia de vida.

Historia de vida

Estoy diagnosticada de LES, pero solamente desde hace siete años, momento en el que se pudo llegar a ese diagnóstico. En realidad, llevo veinticinco años consultando a especialistas, entrando y saliendo de hospitales y sufriendo múltiples manifestaciones físicas que me han llevado a estar toda mi vida con sufrimiento y dolor. A lo largo de todos esos años no fueron capaces de encontrar nada que se asociase a esta enfermedad. He ingresado por tener la cara hinchada por la mañana y los ojos cerrados hasta llegar a verme deformada, por luxaciones de hombro mientras dormía, por no poder mover las muñecas, por síntomas que parecían gripes de siete u ocho días, pero que se repetían siete u ocho veces al año, por un dolor abdominal terrible que me dejaba doblada... Todos esos síntomas eran tan diversos que parecía que no había un hilo conductor que los uniera.

Les preguntaba a los médicos si el verano o el estrés podían influir en lo que me pasaba, ya que desde la primavera hasta finales de verano no mostraba ningún síntoma.

Estos meses coincidían con que era la época en la que estaba más relajada por el trabajo y tenía más margen para hacer mi vida de otra manera, yéndome de vacaciones y saliendo de mi sitio habitual de residencia. Me llamaba la atención que en verano todo estuviera bien.

La sintomatología se fue incrementando y, además de la fiebre alta de esas gripes que duraban una semana, se sumó la aparición de sangre en la orina. Ahí empezaron mis visitas a urgencias. Pensaban que tenía peritonitis, pero no lo llegaban a relacionar con el resto de los problemas que presentaba. En esa época tenía muy reducida la movilidad, me costaba muchísimo caminar, perdí casi toda la masa muscular y tuve que ir a rehabilitación con un fisioterapeuta. Estuve ocho meses de baja laboral y todo ese proceso fue tremendamente difícil para mí. Con la medicación —antimaláricos, antiinflamatorios y cortisona—, ese brote se fue pasando. Sin embargo, sabía que volverían otros nuevos, ya que los médicos lo decían: «Esto que te da se llaman brotes, aparecen de repente y no se sabe por qué».

Más adelante, un brote intenso me llevó al hospital y me ingresaron para hacerme diferentes pruebas e ir descartando; enfermedad de Crohn, vasculitis, fibromialgia, etcétera. Después de meses evaluando los resultados, los valores, la sintomatología y la afectación renal, dieron por fin el diagnóstico de LES. Por fin tenía una respuesta, había conseguido algo que llevaba buscando durante veinticinco años: un nombre para mi enfermedad. Estaba contenta porque si tenía un nombre era porque había especialistas que lo habían identificado, que lo estaban estudiando y que tendrían una solución para todo lo que me limitaba tanto.

El comienzo de un cambio, del ¿por qué? al ¿para qué?

Cuando empecé con la psicoterapia, yo estaba siempre con el porqué: «¿Por qué tendré estos brotes?, ¿por qué me pasará esto?». En las sesiones aprendí que el «porqué» en aquellos momentos no me estaba ayudando y que nos teníamos que centrar en el «¿para qué?». Natalia me preguntaba: «¿Para qué te sirve esta enfermedad?, ¿para qué sale este dolor?, ¿qué consigue?».

Me di cuenta de que, cuando aparecía el dolor, yo me detenía. Que la enfermedad me hacía pararme, estuviera haciendo lo que estuviese haciendo. Aunque fuera el momento más importante de mi vida, me iba al hospital y lo que me estaba generando ese estrés desaparecía. Es verdad que después tenía otro estrés, el de estar enferma, pero lograba que desapareciese. Mi «¿para qué?» era «para pararme».

Empecé a ver que esta había sido la dinámica durante toda mi vida. Cada vez que había tenido un brote lo identificaba con periodos de estrés y de mucha intensidad. Con cada brote todo lo que ahí pasaba quedaba a un lado porque los síntomas cobraban protagonismo. Entonces, me dedicaba a curarme y, cuando ya estaba mejor, volvía a incorporarme a mi vida y la causa del estrés había desaparecido o se había suavizado. Aprendí que ese era el mecanismo con el que yo funcionaba y el peligro que entrañaba.

Al cabo de un año de trabajar en psicoterapia había dejado de tener síntomas. Me sentía como una superheroína. Sabía el nombre de mi enfermedad, sabía cómo tratarla, cómo pararla y cómo anticiparla. Podía gestionar mi vida de una forma más tranquila y se acabaron las visitas a urgencias.

La huella del trauma

Más adelante, nos adentramos en ver mi vida tal y como había sido, no como yo la recordaba. En mi cabeza yo había tenido una infancia feliz, sin problemas, todo maravilloso y estupendo. Sin embargo, lo que me encontré fue una realidad muy distinta. Recuerdo preguntarme: «¿Cuál es la verdad: la que yo durante cuarenta años creí haber vivido... o la que estoy viendo en psicoterapia?». Cuando empecé a ver mi vida entendí que había aprendido a interpretarla como me repetían que había sido: «A ti nunca te ha faltado de nada, has tenido una vida feliz y sin problemas». Fue difícil asimilar que no había sido así. A través del trabajo en psicoterapia descubrí que, como no había podido asimilar mi vida, me la había inventado.

Mi madre tenía un problema, y no solo con el dentista, pero yo no lo sabía. Cuando somos pequeños no nos damos cuenta de lo que tenemos, aunque nos perjudique, porque nos adaptamos y acomodamos a vivir con lo que nos toca y lo normalizamos. Mi madre sufría un síndrome llamado «de Münchhausen por poderes», que básicamente es un instinto materno tóxico. Quería tenerme siempre a su lado buscando en mí una enfermedad. De pequeña, recuerdo verme con un casco y cables de colores en el neurólogo, haciéndome pruebas para algo que, afortunadamente, no tenía, pero que mi madre insistía en confirmar.

Crecí pensando que había algo malo en mí, que era una persona exagerada, que me inventaba las cosas y que estaba loca cuando decía lo que sentía o pensaba, pues así es como me lo hicieron creer. Cuando me diagnosticaron el LES, mi madre me hizo cargar con la culpa de mi propia enfermedad. Cuando «por fin» me ponía enferma (después de años llevándome a especialistas buscando una enfermedad en mí), se enfadó conmigo y hubo una buena bronca en casa por haberme enfermado. ¿Cómo podía ser que alguien tuviese un comportamiento tan incoherente? No entendía cómo mi madre quería que estuviera enferma y, cuando lo estaba, me riñera y se enfadara conmigo.

Esta es la madre con la que yo crecí, una madre que buscaba enfermarme y, al mismo tiempo, me hacía sentir culpable. A medida que avanzaron las sesiones fui recordando episodios muy tristes, como el de mi primera comu-

nión, momento en el que empecé a ver lo que ocurría. La noche antes de ese día tan especial para mí, mi madre, al darme el beso de buenas noches, me dijo: «Disfruta mañana en el día de tu primera comunión porque yo ya no estaré». Estaba tan asustada con aquellas palabras que me pasé toda la noche a la puerta de la habitación de mis padres esperando a que mi madre estuviese allí a la mañana siguiente. Las fotos de mi comunión, con cara triste y ojeras oscuras, revelan cómo fue para mí pasar toda la noche esperando a que mi madre no se fuese sin mí.

Recordé otros episodios, que incluían visitas constantes a médicos, pruebas neurológicas para buscar si tenía problemas y mucho miedo a ir a excursiones del colegio por si me ponía enferma. Poco a poco fui entendiendo que lo que había vivido no era normal. Yo era una niña sana con una madre enferma, y no al revés, como siempre me habían hecho creer. Cuando con doce años pedí ayuda para que «ingresasen a mamá», los adultos se desentendieron, incluido mi padre, lo que me hizo dudar aún más de si no era yo quien tenía el problema.

Todas las piezas cuadraban. Por ejemplo, entendí por qué ya de adulta tenía que poner mala cara si hacía una videollamada con mi madre. Solo así ella estaba tranquila.

Ahora que ya no está conmigo mi madre, que en paz descanse, la he perdonado y, por fin, me he podido validar a mí. Nunca estuve loca, nunca fui una exagerada, siempre tuve razón acerca de lo que yo sentía. Después de este largo recorrido, por fin pude despertar y soltar la somatización y, con ella, el LES. Al ver y enfrentar mi vida, enfrenté la enfermedad y hoy en día vivo una vida sin medicación y sin pruebas más allá de las revisiones anuales para asegurar que todo sigue bien. Entreno cada semana y vivo tranquila con mi más que merecido presente y con mis apreciados riñones, que, en otro momento, eran candidatos de trasplante.

Estoy contenta y doy las gracias al momento en el que decidí hacerle caso a mi cuñada e ir a psicoterapia para trabajar mi fobia al dentista, que, por cierto, cerró el círculo de lo trabajado, ya que también de eso me curé. Después de un largo camino de búsqueda, la psicoterapia me salvó.

EPÍLOGO

«No estamos aquí para curar nuestras enfermedades, sino que la enfermedad está aquí para curarnos a nosotros».
CARL JUNG

Hay personas que viven con dolor y que se acostumbran a él porque no han encontrado ninguna alternativa para hacerle frente. Se trata de personas que sienten su cuerpo como su peor enemigo por diferentes razones. Por un lado, por los síntomas de enfermedad con los que conviven, que les provocan molestias y limitaciones que los incapacitan. Por otro lado, porque perciben que el cuerpo es imprevisible y que está fuera de su control debido a la ausencia de una explicación orgánica que apunte a la causa de su malestar. Además, experimentan un gran desamparo porque no vislumbran ninguna solución ni ninguna posibilidad de cambio.

Esta sensación de frustración se puede convertir en indefensión si pasa el tiempo y perdemos la esperanza de que nos podamos «curar» o sentir bien en algún momento. No vemos la luz al final del túnel y comienza un bucle que implica lo psicológico y lo emocional. Cuando perdemos la esperanza, perdemos la motivación necesaria para continuar hacia delante, la energía para seguir luchando, y aparece la idea de rendirnos, de «tirar la toalla». Sin embargo, debemos recordar que no todo está perdido y que a veces nos empeñamos en buscar en lugares donde no hay luz porque es a lo que nos hemos acostumbrado.

Cuando lo que necesitamos y lo que nos llega del exterior no coincide es cuando empezamos a renunciar a lo que sentimos internamente para complacer a los demás, ya sea nuestra familia, nuestra pareja, una amistad o una relación laboral. No encontramos la manera de adaptarnos, y es ahí donde el cuerpo empieza a coleccionar sensaciones, emociones y tensiones para compensar toda esa experiencia emocional que no sale ni se expresa, solo se calla, se guarda o se mantiene. Al renunciar a expresar lo que nos daña por carecer de habilidades para gestionarlo correctamente, nos encontramos en una encrucijada que si perdura en el tiempo puede tener un coste muy elevado para nuestra salud.

Cuando nos sometemos a situaciones que nos dañan por la imposibilidad de defendernos o por miedo a perder algo o a alguien, negamos lo que es y nos quedamos con los síntomas, aguantando lo que sabemos que nos lastima pero que preferimos no ver, aunque se muestre constantemente a través del cuerpo. Miramos hacia otro lado para seguir con la queja y nos damos explicaciones o justificaciones alternativas de lo que nos ocurre, lo que es contraproducente porque aumenta aún más la intensidad de los síntomas. Nos quejamos de algo «que no tiene solución» y así evitamos hacerle frente a la situación negada. Cambiar de trabajo, sacar a gente tóxica de nuestra vida, separarnos de una pareja que no nos conviene y nos hace infelices, dejar de ir a sitios en los que no nos sentimos a gusto o soltar hábitos son decisiones difíciles porque nos conectan con sueños que alguna vez tu-

EPÍLOGO

vimos. Aceptar que nuestros anhelos no se pueden cumplir, que esa relación de pareja no va a durar para siempre, que la carrera profesional que queríamos alcanzar ya no nos satisface o que no podemos tener la misma energía de cuando éramos jóvenes puede ser duro. Existen muchas y diferentes situaciones que nos llevan a aguantar, esperando a que las cosas cambien, mientras nos sentimos cada vez más infelices, amargados y angustiados. Nuestro cuerpo hace un esfuerzo titánico para tolerar un estado constante de malestar, estrés y emociones negativas, que con el paso del tiempo se cristaliza y se materializa a través de síntomas y signos de enfermedad.

Dichos síntomas nos invitan a que reconectemos con nuestro cuerpo, a que lo atendamos. El primer paso pasará por validar lo que sentimos y cómo lo sentimos, por aceptar lo que nos ocurre. Si tenemos firmeza en nuestras respuestas o reacciones al mundo, estaremos dando la importancia merecida a los mensajes que vienen de nuestro cuerpo, que nos permitirán entender el significado de los síntomas, es decir, de aquello que necesitamos para lograr el equilibro. Cuando integramos esto, por fin comprendemos que hay posibilidades, que nuestro cuerpo tiene sus tiempos y que el códice para poder descifrarlo está en nuestro interior.

Hay personas que deciden dar un paso hacia delante y no quedarse quietas buscando que se haga la luz en el túnel. Se enfrentan a la oscuridad y empiezan a andar para poder salir al otro lado. En este túnel, aprenden qué cosas del pasado fueron las que las llevaron a la situación actual, y a partir de aquí logran procesarlas e integrarlas. Consiguen que aquello que las perturbó deje de afectarlas y pueden soltar aquello que las aflige en el presente y que está asociado al pasado.

Aunque el cuerpo tiene su fuerza natural de recuperación, esta está unida a nuestro sistema de creencias, es decir, a aquellos conceptos generales que dirigen nuestra visión del mundo y cómo interpretamos la realidad. Aquello en lo que creemos es lo que nos da opciones de cambiar. Por lo tanto, más que reconectar con quienes éramos antes de la enfermedad, lo que necesitamos es un equilibrio nuevo, unas nuevas creencias y una autopercepción más fuerte y segura, para que no se repita lo vivido y los síntomas no vuelvan a aparecer en situaciones similares.

Recordemos el concepto del «convidado de piedra» con el que empezábamos este libro: «el cuerpo lo sabe todo acerca de mí». Las tensiones que enfrentamos, lo heridos que nos sentimos por comentarios, los desprecios, los golpes, los rechazos..., cada experiencia negativa deja una marca en el cuerpo. Algunas las procesamos de manera natural y otras no, pero todas pasan por nuestro cuerpo y son vividas por él. Eso significa que las experiencias que están por venir también dejarán una marca, una huella visible, y ahí es donde podemos encontrar esperanza.

La vida, a menudo, es como un bumerán: cómo nos han cuidado nos enseña a cuidarnos y cómo nos han tratado es cómo nos tratamos a nosotros mismos. Cuando entendemos que todo esto es pasado tenemos una oportunidad perfecta para modificarlo. Podemos cambiar lo que nos han enseñado, lo que nuestra experiencia vital se ha encargado de instaurar en nosotros. Cuando comprendemos que, si algo no nos funciona, repetirlo una y otra vez solo nos lleva a que la herida no se cierre, vemos la luz al final del túnel. Al salir, comprendemos que es nuestra responsabilidad aprender a cuidarnos y a escucharnos.

AGRADECIMIENTOS

En el libro he intercalado la historia de tres mujeres por las que siento un profundo respeto y admiración. Ellas han sido la inspiración que ha dado forma a este libro; por orden de llegada: Amada, María y Marisol. Ellas son la mayor muestra de superación, y no han parado de demostrarme que lo imposible puede llegar a ser posible. Me han permitido que cuente sus historias para que otras personas puedan creer, como ellas lo han hecho. No puedo estarles más agradecida, por eso y por todo lo que me han permitido aprender a su lado.

Para Dolores Mosquera, gracias por ser la mejor amiga, siempre presente en los peores y mejores momentos. Mi compañera de viajes, con quien he compartido más de media vida entre aviones, risas, experiencias y aventuras. Eres la persona que me conoce tan bien como yo misma. Agradezco que seas parte de mi vida, incluido este momento y el prólogo de este libro. Gracias por confiar en mí a lo largo de los años. Sin ti, nada sería lo mismo.

To Sean Kunis, for offering me a perfect place to write in Bergen, for sharing in my excitement, and for your constant motivation and care while I was dedicated to the book.

Para Natalia Vecino (Pimpim), por ser la Niña de mis ojos.

Para mis Padres, gracias por vuestro amor y apoyo incondicional a lo largo de los años. Es una fortuna teneros.

Para Nuria Seijo, gracias por tu cariño siempre constante, por tu ilusión por mis logros, por tu ayuda en todo momento. Por tenerte ahí siempre que te necesito.

Para Ángel Vecino, gracias por tener tu apoyo siempre que te lo he pedido.

Para Yoana Fernández, gracias por ser vos quien sois bondad infinita. Buena persona y mejor profesional. Siempre a mi lado y de mi lado; la mejor suerte, que hayas entrado en mi vida. Gracias por escucharme en los momentos en los que lo he necesitado, gracias por tomarte el tiempo y el esfuerzo de ir leyendo el libro por entregas, siempre con una sonrisa y con *feedbacks* preciosos. Mil gracias de corazón por toda tu dedicación.

Para David Fernández, gracias por tu profesionalidad, honestidad y esfuerzo focalizado en un trabajo siempre impecable y eficaz.

Para Mary Cruz Doce, grazas polo teu apoio, sempre presente para min, coas mellores palabras, tan cariñosa. Chea de boa enerxía, e sobre todo cun sentido común impoluto. Unha marabilla que esteas ao meu lado.

Para Alba Lopez, Lola Rodas y Corina Rodas, gracias por vuestros buenos deseos y por compartir la alegría de la noticia del libro. Agradezco mucho que estéis atentas y dispuestas a ofrecer vuestra

AGRADECIMIENTOS

ayuda en lo que sea necesario. Ha sido muy bonito veros crecer como familia.

Para Vicente Alcántara, por haberte mantenido a mi lado todos estos años, por haber apoyado mi trabajo desde el principio, por haber estado ahí en cada momento importante para celebrarlo conmigo.

Para Marta Lopez Hornillos, gracias por ser una compañera leal, desde los primeros momentos he recibido tu apoyo con entusiasmo y cariño.

Para Inmaculada Sánchez, gracias por haber estado ahí desde el primer momento hasta hoy, recibiendo todo lo que comparto con toda esa energía tan positiva.

Para Juan Camorra, gracias por tus palabras siempre de apoyo y la alegría compartida referente al libro, con un tono siempre motivador, honesto y con aportaciones valiosas.

Para Tatiana Gomez y Alberto Rodriguez, gracias a los dos por vuestra energía arrolladora, vuestra dedicación y firmeza en todas las peticiones que os he hecho, tanto leer las entregas del libro hasta vuestras cariñosas devoluciones.

Para Tati, gracias por todas tus revisiones de la parte médica. Has sido un aporte invaluable para garantizar la rigurosidad de esa sección en el libro. Estoy inmensamente agradecida.

To Jackie Jager, for being by my side, seeing the best in me, for your patience with my doubts, and for your honest and sincere friendship. Thank you for helping me start writing, for giving me ideas on structure, and for always sharing in my excitement.

Para Luis Justa, gracias por estar siempre ahí. Eres como un roble, brindando esos buenos consejos que ya no se encuentran. Tu bondad es genuina, como la de toda la vida. Agradezco tu alegría por mis logros a lo largo de los años, tus buenos deseos y, sobre todo, tu incansable esfuerzo en el trabajo. Eres un gran apoyo.

Para Carla, gracias por estar presente con entusiasmo, fuerza y siempre con una actitud positiva, a pesar de ser recién llegada.

BIBLIOGRAFÍA

Alarcón, R., Ramírez Vallejo, E. (2006). «Medicina psicosomática en enfermedad cardiovascular: consideraciones clínicas». *Revista Colombiana de Psiquiatría*, 35(1), 112-124.

American Psychiatric Association (ed.) (2022). *Diagnostic and statistical manual of mental disorders.*

Avila, A., Winston, M. (2003). «Georg Groddeck: Originality and Exclusion». *History of Psychiatry*, 14(1), 83-101. Doi: 10.1177/0957154X0301400 1005.

Basavaraj, K. H., Das, K., Sathyanarayana Rao, T. S. (2013). «Psychosomatic paradigms in psoriasis: Psoriasis, stress and mental health». *Indian Journal of Psychiatry*, 55(4), 313-315. Doi: 10.4103/0019-5545.120531.

Borbeau, L. (2002) *Heal your wounds & find your true self.* Lotus Press.

Bowlby, J. (1982). *Attachment and loss (vol. 1).* Basic Books.

Bowlby, J. (1988). *A Secure Base: Parent-Child Attachment and Healthy Human Development.* Routledge.

Bradshaw, J. (1991). *Homecoming: Reclaiming and Championing Your Inner Child.* Bantam.

Bransfield, R. C., Friedman, K. J. (2019). «Differentiating Psychosomatic, Somatopsychic, Multisystem Illnesses, and Medical Uncertainty». *Healthcare (Basel)*, 7(4), 114. Doi: 10.3390/healthcare7040114.

Brendgen, M., Boivin, M., Vitaro, F., Girard, A., Dionne, G., Pérusse, D. (2008). «Gene-environment interaction between peer victimization and child aggression». *Development and Psychopathology.* 20(2), 455-471. Doi: 10.1017/S0954579408000229.

Boon, S., Draijer, N. (1993). «Multiple personality disorder in the Netherlands: A clinical investigation of 71 patients». *The American Journal of Psychiatry*, 150(3), 489-494. Doi: 10.1176/ajp.150.3.489.

Carr, L. (2022). «Past traumas may worsen menopausal symptoms and wellbeing at midlife». *Contemporary OB/GYN journal*, 67(11), 15-19.

Cernitanu, M. (12-15 de octubre de 2023). *The role of psychotherapy in the treatment of psychosomatic disorders* [conferencia]. «All together for mental health: trauma and its prices for humanity», Chisinau, Moldavia.

Chang, H. A., Silver, R. C., Holman, E. A. (2024). «Betrayal trauma and somatic symptoms among patients in a medically underserved primary care clinic». *Psychological Trauma: Theory, Research, Practice, and Policy*, 16(4). Doi: 10.1037/tra0001689.

Cortés, F. (2007). *Diccionario médico-biológico (histórico y etimológico) de Helenismos*. Ediciones Universidad de Salamanca.

Denollet, J., De Jonge, P., Kuyper, A. (2009). «Depression and Type D personality represent different forms of distress in the Myocardial IN farction and Depression – Intervention Trial (MIND-IT)». *Psychological Medicine*, 39(5), 749-756. Doi:10.1017/S0033291708004157.

Faleschini, S., Tiemeier, H., Rifas-Shiman, S., Rich-Edwards, J., Joffe, H., Perng, W., Shifren, J., Chavarro, J. E., Hivert, M. F., Oken, E. (2022). «Longitudinal associations of psychosocial stressors with menopausal symptoms and well-being among women in midlife». *Menopause*, 29(11), 1247-1253. Doi: 10.1097/GME.0000000000002056.

Fisher, J. (2014). *The treatment of structural dissociation in chronically traumatized patients*. Oslo: Universitetsforlaget.

Freyd, J. (1994). «Betrayal Trauma: Traumatic amnesia as an Adaptive Response to childhood Abuse». *Ethics and Behavior*, 4(4), 307-329.

Gianaros, P. J., Sheu, L. K., Uyar, F., Koushik, J., Jennings, J. R., Wager, T. D., Singh, A., Verstynen, T. D. (2017). «A Brain Phenotype for Stressor-Evoked Blood Pressure Reactivity». *Journal of the American Heart Association*, 6(9). Doi: 10.1161/JAHA.117.006053.

Greater Good Science Center (21 de marzo de 2012). *Robert Sapolsky: How a chair revealed the type A personality profile*. <https://www.youtube.com/watch?v=JVxfcE4F9Xo>.

Haynal, A., Pasini, W., (1980). *Manual de Medicina Psicosomática*. Elsevier-Masson.

BIBLIOGRAFÍA

Heerlein A., De la Parra, G., Aronsohn, S., Lolas, F. (1984). «Affective expression in organic and functional gastrointestinal disease». *Psychotherapy and Psychosomatics,* 42(1-4), 152-5. Doi: 10.1159/000287839.

Holmes, E., Brown, R., Mansell, W., Fearon, P., Hunter, E., Frasquilho, F., Oakley, D. (2005). «Are there two qualitatively distinct forms of dissociation? A review and some clinical implications». *Clinical Psychology Review,* 25(1), 1-23. Doi: 10.1016/j.cpr.2004.08.006.

Kealy, D., Rice, S. M., Ogrodniczuk, J. S., Spidel, A. (2018). «Childhood trauma and somatic symptoms among psychiatric outpatients: Investigating the role of shame and guilt». *Psychiatry Research,* 268, 169-174. Doi: 10.1016/j.psychres.2018.06.072.

Khajuria, K., (2018). «Laughter is the best medicine». *Psychiatric Times,* 35(8), 18-20.

Kross, E., Berman, M. G., Mischel, W., Smith, E. E., Wager, T. D. (2011). «Social rejection shares somatosensory representations with physical pain». *Proceedings of the National Academy of Sciences of the United States of America,* 108(15), 6270-6275. Doi: 10.1073/pnas.1102693108.

Lazarus, R. S. (1966). *Psychological stress and the coping process.* McGraw-Hill.

Leclercq, S., Forsythe, P., Bienenstock, J. (2016). «Posttraumatic Stress Disorder: Does the Gut Microbiome Hold the Key?». *The Canadian Journal of Psychiatry,* 61(4), 204-213. Doi: 10.1177/0706743716635535.

Levine, P. (1997). *Walking the Tiger Healing Trauma. The innate Capacity to Transform Overwhelming Experiences.* North Atlantic Books.

Lindner, E. G. (2006). «Emotion and conflict: Why it is important to understand how emotions affect conflict and how conflict affects emotions», en Deutsch, M., Coleman P., Marcus, E. C. (eds.), *The handbook of conflict resolution: Theory and practice* (2.ª ed., 268-293). Wiley Publishing.

Losada del Pozo, R., García, J. J., Cantarín, V., Duat, A., González, L., López, L., Ruiz-Falcó, M. L. (2011). «Características y evolución de los pacientes con síndrome de Alicia en el País de las Maravillas». *Revista de Neurología,* 53(11), 641-648. Doi: 10.33588/rn.5311.2011435.

Menassa, A., Rojas, P. (1-28 de febrero de 2010). *Psicoanálisis de los trastornos de la inmunidad* [ponencia]. Congreso Virtual de Psiquiatría Interpsiquis.

Menassa, A. (s.f.). *Introducción a la medicina psicosomática.* <https://

alejandramenassa.com/psicoanalisisymedicina/introduccion-a-la-medicina-psicosomatica/>.

Miller, A. (2020). *El cuerpo nunca miente*. Tusquets Editores.

Nijenhuis, E. R., Van Dyck, R., Spinhoven, P., Van der Hart, O., Chatrou, M., Vanderlinden, J., Moene, F. (1999). «Somatoform dissociation discriminates among diagnostic categories over and above general psychopathology». *Australian and New Zealand Journal of Psychiatry*, 33(4), 511-520. Doi: 10.1080/j.1440-1614.1999.00601.x.

Nijenhuis, E. R. S., Kruger, K., Steele, K., Van der Hart, O. (2004). «Disociación somatoforme, trauma y defensa. Disociación Somatoforme, Abuso Reportado y Reacciones de Defensa Animal». *Australian and New Zealand Journal of Psychiatry*, 38(9), 678-686. Doi: 10.1080/j.1440-1614.2004.01441.

Nummenmaa, L., Hari, R., Hietanen, J. K., Glerean, E. (2018). «Maps of subjective feelings». *Proceedings of the National Academy of Sciences of the United States of America*, 115(37), 9198-9203. Doi: 10.1073/pnas.1807390115.

Okur Güney, Z. E., Sattel, H., Witthöft, M., Henningsen, P. (2019). «Emotion regulation in patients with somatic symptoms and related disorders: A systematic review». *PLoS ONE*, 14(6): e0217277. Doi: 10.1371/journal.pone.0217277.

Otero, J., Rodado, J. (s.f.). *El enfoque psicoanalítico de la patología psicosomática*. <https://www.aperturas.org/articulo.php?articulo=0000282>.

Peh, L. Q. (2022). «Dispassionate Dissections and Their Emotional Rewards: Reading William Harvey and Richard Blackmore». *Configurations*, 30(1), 25-46. Doi: 10.1353/con.2022.0001.

Porges, S. W. (2009). «The polyvagal theory: new insights into adaptive reactions of the autonomic nervous system». *Cleveland Clinic Journal of Medicine*, 2(2), 6-90. Doi: 10.3949/ccjm.76.s2.17.

Rodriguez, B., Fernández, A., Bayón, C. (2005). «Trauma, disociación y somatización». *Anuario de psicología clínica y de la salud*, 1, 27-38.

Ross, C. A., Norton, G. R., Wozney, K. (1989). «Multiple personality disorder: An analysis of 236 cases». *The Canadian Journal of Psychiatry*, 34(5), 413-418.

Rymarczyk, K., Turbacz, A., Strus, W., Cieciuch, J. (2020). «Type C personality: Conceptual refinement and preliminary operationalization». *Frontiers in Psychology*, 11. Doi: 10.3389/fpsyg.2020.552740.

Sathyanarayana Rao, T. S., Basavaraj, K. H., Das, K. (2013). «Psychosomatic paradigms in psoriasis. Psoriasis, stress and mental health». *Indian Journal of Psychiatry*, 55(4), 313-315. Doi: 10.4103/0019-5545.120531.

Scaer, R. (2005). *The trauma spectrum: Hidden wounds and human resiliency*. W. W. Norton & Co.

Scaer, R. (2014). *The body bears the Burden*. Routledge.

Schmaltz, M. <https://drmartinschmaltz.com>.

Shnake, A. (1995). *Los diálogos del cuerpo: Un enfoque holístico de la salud y la enfermedad*. Cuatro Vientos.

Spielberger, C., Reheiser, E. (2009). «Assessment of Emotions: Anxiety, Anger, Depression, and Curiosity». *Applied Psychology: Health and Well-Being*, 1, 271-302. Doi: 10.1111/j.1758-0854.2009.01017.x.

Tan, S. Y., Yip, A. (2018). «Hans Selye (1907-1982): Founder of the stress theory». *Singapore Medical Journal*, 59(4): 170-171. Doi: 10.11622/smedj.2018043.

Tanner, D. (diciembre-enero de 2020/2021). «The Body of shame. Listening for Longing». *International Body Psychotherapy Journal. The Art and Science of Somatic Praxis*, 19(2), 32-42.

Vaillant, G. E. (1992). *Ego mechanisms of defense: A guide for clinicals and researchers*. American Psychiatric Press.

Van der Kolk, B. A., McFarlane, A. C., Weisaeth, L. (eds.). (1996). *Traumatic stress: The effects of overwhelming experience on mind, body, and society*. The Guilford Press.

Wolynn, M. (2017). *It Didn't Start with You: How Inherited Family Trauma Shapes Who We Are and How to End the Cycle*. Penguin Publishing Group.

World Health Organization (2022). *ICD-11: International classification of diseases (11th revision)*. <https://icd.who.int/>.

Yehuda, R., Bierer, L. M., Schmeidler, J., Aferiat, D. H., Breslau, I., Dolan, S. (2000). «Low Cortisol and Risk for PTSD in Adult Offspring of Holocaust Survivors». *American Journal of Psychiatry*, 157(8), 1252-1259. Doi: 10.1176/appi.ajp.157.8.1252.

Yehuda, R. (2022). «How Parents' Trauma Leaves Biological Traces in Children». *Scientific American*. <https://www.scientificamerican.com/article/how-parents-rsquo-trauma-leaves-biological-traces-in-children/>.